# Techniques secrètes du WEB 3, Blockchain, Smart Contracts, Attaques Sandwich ...

# Sommaire

## Chapitre 25  -  Futur du Web 3.0.

## Chapitre 26  -  Conclusion.

# Chapitre 1
# Fondamentaux du Web 3.0.

## Qu'est-ce que le Web 3.0 ?

Le Web 3.0, aussi connu sous le nom de Web sémantique, représente la prochaine phase significative de l'évolution d'Internet. Dans l'ère actuelle où l'interaction en ligne est régie par une exploitation de données intensives et souvent intrusive, le Web 3.0 offre une vision d'une sphère numérique plus équilibrée, axée sur l'autonomie et l'interaction sociale riche. A l'aube de cette nouvelle époque, il est essentiel de comprendre ce que le Web 3.0 est vraiment.

Là où le Web 1.0 a été défini par le contenu statique et le Web 2.0 par l'interactivité, le Web 3.0 promet un Internet décentralisé et intelligent. Plutôt que d'être contrôlé par une poignée de sociétés géantes qui stockent et contrôlent des informations sur leurs utilisateurs, le Web 3.0 place le pouvoir entre les mains des utilisateurs. Cette décentralisation concourt à une plus grande confidentialité et à un contrôle accru sur les données personnelles.

Le Web 3.0 ne se limite pas seulement à décentraliser le pouvoir des informations, il s'efforce également d'une intelligence plus profonde. Cela signifie que les machines pourront comprendre les informations au-delà de simples mots-clés. Ici, les machines peuvent contextualiser et comprendre l'information comme l'homme, permettant aux utilisateurs de rechercher et de trouver des informations plus précises et plus pertinentes.

La technologie de la blockchain et les contrats intelligents (Smart Contracts) font partie intégrante de l'infrastructure du Web 3.0. La blockchain, à son tour, facilite la décentralisation en fournissant un registre public immuable de toutes les transactions numériques, garantissant que les données ne peuvent pas être altérées ou supprimées sans la participation de tous les intéressés. Cette technologie soutient également la création de jetons numériques, qui peuvent représenter la possession de quoi que ce soit, de la monnaie numérique aux actifs physiques.

Les contrats intelligents facilitent les transactions automatisées sur la blockchain. Ces programmes codés exécutent des transactions lorsque certaines conditions sont remplies. Par exemple, dans une transaction immobilière, un contrat intelligent pourrait être programmé pour transférer la propriété d'une maison à un acheteur une fois que tous les paiements ont été effectués.

Cependant, le chemin vers le Web 3.0 est semé d'embûches. Bien que la promesse d'un Internet décentralisé et intelligent soit alléchante, la mise en œuvre pratique de cette vision pose d'énormes défis. Les problèmes de sécurité et de confidentialité, en particulier, demanderont des solutions innovantes. Par ailleurs, l'introduction de la blockchain et des contrats intelligents soulève de nouvelles questions en matière de réglementation et de gouvernance.

Le Web 3.0 pourrait être considéré comme une révolution. Il repense et reconstruit les fondements d'Internet, avec une vision de décentralisation, d'intelligence artificielle et de respect de la confidentialité. Cependant, réaliser ce potentiel nécessitera une prise de conscience, une éducation et une innovation constantes, tant au niveau des avancées technologiques que des réglementations légales.

En résumé, le Web 3.0 représente à la fois une

promesse d'avenir et un défi. Il s'agit d'une évolution et non d'une révolution soudaine, d'un processus qui se déroulera sur plusieurs années. Malgré ses nombreux défis, il offre une vision d'un Internet qui respecte les utilisateurs, protège les données et utilise les technologies intelligentes pour améliorer nos interactions en ligne.

## Histoire du Web 3.0

L'histoire du Web 3.0 trouve ses prémices à la fin des années 2000, bien que sa définition claire et son mouvement revendicatif réel comme évolution du Web soient apparus plus tard. Alors que le Web 1.0 était principalement axé sur le partage d'informations de manière unilatérale et statique, et le Web 2.0 a favorisé des interactions bilatérales en permettant aux utilisateurs de produire et de partager de l'information, le Web 3.0 s'inscrit comme l'évolution suivante, visant à créer une toile internet plus intuitive, sémantique et intelligente où les machines peuvent comprendre les données, ce qui transforme le web en une gigantesque base de connaissances mondiales.

La notion de Web sémantique, introduite par Tim Berners-Lee, le fondateur du Web, est l'un des piliers du Web 3.0. C'est en 2001 que Berners-Lee a publié un article fondateur sur le Web sémantique, dans lequel il imagine un Web où les ordinateurs sont capables de comprendre et répondre aux requêtes des utilisateurs de manière intuitive et précise et où les données sont connectées et structurées au point où elles peuvent être facilement interprétées et utilisées par des machines.

C'est dans ce contexte que sont apparues les premières discussions sur le Web 3.0 bien que le terme lui-même n'ait été popularisé qu'en 2006 par Jeffrey Zeldman, concepteur Web de renommée mondiale, dans un billet de blog anticipant le Web comme une plate-forme de services. Parallèlement à cela, le développement de technologies de cloud computing, la croissance exponentielle du nombre de smartphones et l'importance croissante des réseaux sociaux ont contribué à poser les jalons du Web 3.0.

Avant 2009, le Web 3.0 reste une idée visionnaire, plus axée sur la théorie que sur la mise en pratique. Après cela, le mouvement allait s'accélérer grâce à l'émergence de la blockchain, une technologie révolutionnaire qui a permis de créer une infrastructure décentralisée. Satoshi Nakamoto, le créateur anonyme du Bitcoin, est à l'origine de cette innovation. En utilisant la blockchain, Nakamoto a réussi à créer une monnaie décentralisée et totalement numérique qui est devenue le premier cas d'usage de masse de la technologie du Web 3.0.

Depuis lors, le développement du Web 3.0 est étroitement associé à celui de la blockchain et des contrats intelligents, qui permettent l'exécution automatique de contrats en ligne sans l'intervention d'un tiers. Le nouveau Web repose également sur d'autres technologies comme l'IA, le Machine Learning et la réalité augmentée pour offrir des services plus personnalisés, intuitifs et interactifs.

L'avènement du Web 3.0 consacre ainsi une transformation radicale du Web, d'un médium basé sur l'information vers une entité basée sur la connaissance. C'est une nouvelle ère d'internet, plus égalitaire, décentralisée et sécurisée où machines et humains coexistent et interagissent dans un écosystème digital global au service de l'innovation et de la coopération.

## Différences entre Web 2.0 et Web 3.0

Dans notre quête pour comprendre le Web 3.0, il est crucial de se pencher sur ses différences par rapport à son prédécesseur, le Web 2.0. Ainsi, la transition du Web 2.0 vers le Web 3.0 représente un voyage de la simple interactivité à l'intelligence distribuée. Le Web 2.0, souvent qualifié de Web social, a marqué une étape décisive dans l'évolution d'Internet, facilitant la collaboration massive des utilisateurs et l'échange de contenu généré par l'utilisateur, engendrant ainsi des phénomènes mondiaux tels que les blogs, Wikipedia, YouTube, Facebook, Twitter et d'autres plateformes sociales.

Cependant, le Web 2.0, malgré son caractère révolutionnaire, comporte des limitations évidentes. Son incapacité à comprendre le sens des données présentées, sa dépendance aux moteurs de recherche pour la découverte de contenu et sa nature centralisée qui place le contrôle et la gestion des données dans les mains d'entités puissantes, sont autant de lacunes qui ont ouvert la voie à la prochaine évolution vers le Web 3.0.

Le Web 3.0, également connu sous le nom de Web sémantique voire intelligent, vise à surmonter les lacunes du Web 2.0. L'une des principales caractéristiques du Web 3.0 est sa capacité à comprendre le sens, ou la sémantique, des données. Avec cette capacité, le Web 3.0 serait capable de fournir des résultats de recherche plus précis, plus pertinents et plus contextuels, en fonction des intentions réelles de l'utilisateur et non simplement en fonction des mots-clés saisis.

L'autre caractéristique cruciale est la décentralisation, qui consiste à répartir le contrôle et la gestion des données entre les utilisateurs eux-mêmes. Plutôt que de dépendre de serveurs centraux possédés et contrôlés par des entreprises, le Web 3.0 envisage un Internet où les données seraient stockées dans des bases de données diverses et décentralisées, permettant ainsi une plus grande confidentialité, une meilleure sécurité et une plus grande résistance à la censure.

En outre, le Web 3.0 adoptera et intégrera de manière intensive des technologies émergentes telles que la blockchain, les contrats intelligents et l'intelligence artificielle, transformant le Web en un écosystème plus intelligent et plus autonome qui peut interagir avec les utilisateurs et même prendre des décisions en leur nom.

Pourtant, les différences essentielles ne se limitent pas à ces caractéristiques. Derrière chaque transformation se cache une mutation dans notre manière d'appréhender et de vivre l'Internet. Si le Web 2.0 était l'époque du partage et de la collaboration, le Web 3.0 incarne l'ère de l'intelligence distribuée, de la souveraineté numérique et de l'attention portée à la valorisation du précieux trésor que sont nos données. L'avenir du Web s'annonce comme un environnement dans lequel notre interaction avec les machines et les réseaux sera plus naturelle, significative et respectueuse de nos libertés et de nos valeurs fondamentales.

# Chapitre 2
# Blockchain et
# Cryptomonnaies.

# Blockchain 101

Tout voyage de compréhension de la Blockchain commence avec l'identification de la problème qu'elle résout: la confiance. Dans une perspective traditionnelle, la plupart de nos transactions financières reposent sur les institutions pour vérifier l'authenticité. Mais la blockchain change cela en répartissant la confiance sur un réseau de nœuds informatiques, décentralisant ainsi le concept de validité. L'informatique décentralisée, qui est l'essence même de la blockchain, trouve des utilisations allant au-delà des transactions financières et touche même le domaine des contrats intelligents ainsi que divers autres domaines d'application.

Sur le plan technologique, chaque transaction sur la blockchain est vérifiée par un réseau de nœuds informatiques, appelés mineurs. Ils font le travail de vérifier que chaque transaction est valide, puis ajoutent la transaction à un "bloc" d'autres transactions. Une fois qu'un bloc est complet, il est ajouté à une "chaîne" de blocs précédents, d'où le nom de blockchain. Il s'agit d'un résumé simplifié du processus, mais au cœur de cette technologie, il y a la cryptologie. C'est cette expertise en cryptologie qui garantit l'intégrité et la sécurité des transactions, rendant la blockchain presque invulnérable aux attaques.

L'identité publique de chaque participant, appelée clé publique, est visible par tous les autres participants du réseau blockchain. Cependant, les transactions qu'un participant effectue sont sécurisées par une clé privée détenue seulement par lui. Dès qu'une transaction est créée, elle est cryptée à l'aide de la clé privée du participant, et une fois qu'elle est ajoutée à la blockchain, elle devient, pour ainsi dire, gravée dans la pierre. L'authenticité de la transaction est confirmée par le réseau décentralisé de nœuds à travers un algorithme consensus, et la balance de tous les participants est mise à jour.

Il convient également de noter l'importance des smart contracts dans le monde de la blockchain. Ces contrats sont simplement des programmes informatiques qui exécutent automatiquement les termes d'un contrat lorsque certaines conditions sont remplies. Par exemple, la livraison d'un bien pourrait déclencher automatiquement le paiement de celui-ci. Les smart contracts s'exécutent sur la blockchain, ce qui signifie qu'ils sont décentralisés et qu'ils n'ont pas besoin d'intermédiaires pour confirmer qu'un contrat a été respecté.

La démocratisation de l'information a toujours été au cœur de l'évolution d'Internet. La première itération, Web 1.0, nous a donné l'accès à l'information. Web 2.0 a ajouté une couche d'interactivité, nous permettant de créer, partager et modifier du contenu. Mais c'est le Web 3.0, la prochaine phase de développement, qui promet une réelle décentralisation de l'information et du pouvoir. C'est dans ce contexte que la blockchain se révèle cruciale. Elle offre une solution décentralisée pour le stockage et la validation des transactions et des contrats, et elle est l'épine dorsale de cette nouvelle ère d'Internet.

Même si la cryptocouronne Bitcoin est la plus connue des applications blockchain, ses utilisations ne s'arrêtent pas là. De nombreuses industries, des soins de santé à l'immobilier, envisagent d'utiliser cette technologie pour diverses raisons, notamment la réduction de la fraude, l'accélération des transactions et l'élimination des intermédiaires coûteux.

## Types de blockchains

La technologie blockchain fait partie intégrante de notre sujet, et il convient d'en comprendre les différents types : les blockchains publiques, privées et les consortiums. Toutefois, avant de se lancer dans les particularités spécifiques de chaque type, il est crucial de se pencher sur le principe fondamental qui sous-tend toutes les formes de blockchain. Au cœur même de la blockchain, on trouve une structure de données décentralisée, consistant en une liste augmentée de manière chronologique de blocs d'informations. Ces blocs sont liés et sécurisés par un procédé cryptographique, donnant naissance à un registre public immuable qui ne peut être modifié rétroactivement sans altérer l'ensemble des blocs suivants.

Maintenant, façonnons notre compréhension des blockchains publiques. Ces dernières, comme leur nom l'indique, sont ouvertes à tous. Il s'agit de réseaux décentralisés, sans autorité supérieure. Les transactions sont vérifiées par les participants du réseau à travers un processus connu sous le nom de minage. Bitcoin et Ethereum en sont de parfaits exemples. L'aspect décentralisé de ces réseaux garantit une transparence maximale, même si cela peut parfois soulever des questions quant à la possibilité d'activités illicites.

Passons ensuite aux blockchains privées. Ces réseaux sont, au contraire, réservés à des participants spécifiques, souvent au sein d'une même organisation ou groupement d'entreprises. C'est une autorité ou un groupe d'individus définis qui contrôlent le processus de vérification. Les blockchains privées offrent ainsi un niveau de confidentialité plus élevé, en sacrifiant en partie la décentralisation. Un exemple courant est la blockchain utilisée au sein d'une entreprise pour suivre et vérifier ses opérations internes.

Pour finir, examinons les blockchains de consortiums qui sont une sorte de compromis entre les deux types précédents. Dans ces blockchains, les droits de lecture peuvent être publics ou restreints à un nombre limité d'acteurs, tandis que le processus de vérification est tenu par un groupe d'entités prédéfinies, appelé consortium. Cela permet une gouvernance commune, tout en assurant une certaine confidentialité des transactions entre les participants. De nombreux consortiums bancaires ont par exemple adopté ce modèle pour des transactions interbancaires sécurisées.

De manière plus large, chaque type de blockchain possède ses propres caractéristiques, avantages et inconvénients, et leur utilisation dépend grandement des besoins spécifiques de l'utilisateur. Les blockchains publiques valorisent la transparence et la décentralisation, tandis que les privées privilégient le contrôle et la confidentialité. Les blockchains de consortium, quant à elles, tentent de trouver un équilibre en alliant contrôle, confidentialité et aspects collaboratifs. Ainsi, il est essentiel de comprendre la nature de ces différentes blockchains pour naviguer efficacement dans l'univers complexe et évolutif de la technologie blockchain.

## Introduction aux Cryptomonnaies

Introduction aux cryptomonnaies

Le concept de la monnaie est presque aussi vieux que les civilisations humaines elles-mêmes. À travers des millénaires, des pierres précieuses, des coquillages, des pièces de monnaie puis des billets ont tous joué le rôle de moyens de commerce et d'échange. Aujourd'hui, nous sommes sur le seuil d'un bouleversement sans précédent : l'avènement des cryptomonnaies, que j'entends décrire ici.

Le terme de "cryptomonnaies" fait allusion à la technologie cryptographique qui préside à leur fonctionnement, garantissant une sécurité sans précédent, mais aussi, pour beaucoup, une certaine opacité. En 2008, une entité mystérieuse connue sous le pseudonyme de Satoshi Nakamoto a introduit le concept de Bitcoin, la première cryptomonnaie, dans un document technique révolutionnaire qui a posé les bases des devises numériques telles que nous les connaissons.

Le Bitcoin et les autres cryptomonnaies représentent le passage de la monnaie fiduciaire à la monnaie numérique. En effet, au contraire de l'argent traditionnel, qui repose sur la confiance dans une entité centrale, que ce soit un gouvernement ou une institution bancaire, les cryptomonnaies bénéficient d'un réseau décentralisé. Ce réseau est basé sur une technologie baptisée "blockchain" qui permet de suivre chaque transaction et de la rendre publique, tout en préservant l'anonymat des parties impliquées.

Une autre différence fondamentale entre les cryptomonnaies et l'argent traditionnel réside dans leur finitude. La plupart des cryptomonnaies, dont le Bitcoin, ont une quantité fixe qui ne peut être dépassée. Ceci en contraste avec l'argent traditionnel, qui peut être produit en quantité illimitée par les banques centrales, menant ainsi à l'inflation. Cette caractéristique a conduit certains à considérer les cryptomonnaies comme un investissement, similaire à l'or ou à d'autres métaux précieux.

Malgré cela, les cryptomonnaies ont connu une adoption croissante, non seulement en tant qu'investissements, mais aussi comme moyen de commerce. Leurs avantages, tels que l'élimination des intermédiaires, les frais de transaction plus bas, l'accès à ceux qui ne disposent pas de services bancaires traditionnels et l'indépendance vis-à-vis des politiques gouvernementales, pourraient bien faire des cryptomonnaies le futur de l'économie mondiale; même si leur volatilité et leur manque de réglementation suscitent encore des controverses.

L'essor fulgurant des cryptomonnaies est sans doute l'un des chapitres les plus fascinants de l'histoire économique récente. Leur impact sur le monde de la finance, la technologie et la société en général est déjà indéniable, mais leurs implications futures restent encore largement inconnues. Expliquer ces implications, clarifier les mécanismes techniques qui sous-tendent les cryptomonnaies et comprendre leur potentiel pour transformer notre économie et notre société, tel est l'objet de ce livre.

# Chapitre 3
# Smart
# Contracts.

# Fondamentaux des Smart Contracts

Les fondamentaux des Smart Contracts incarnent un nouveau chapitre pour les transactions numériques et la gouvernance. À la base, ces contrats intelligents ou "Smart Contracts" sont des programmes informatiques autonomes qui permettent l'exécution automatique de transactions et d'accords entre parties, éliminant ainsi la nécessité d'intermédiaires.

La création des Smart Contracts est grandement attribuée à Nick Szabo, un cryptographe américain, dont le travail de pionnier a donné vie à cette nouvelle forme de transaction numérique, imaginée pour la première fois en 1996, bien avant l'avènement de la blockchain. Cependant, ce n'est qu'avec la technologie Blockchain, plus précisément avec Ethereum, que les Smart Contracts sont devenus une réalité pratique, offrant un niveau sans précédent de transparence, de sécurité et d'efficacité.

Un Smart Contract fonctionne comme un programme informatique ordinaire. Il a son propre ensemble de règles et de conditions préétablies, et lorsqu'il reçoit une entrée spécifique, il exécute une action conséquente. L'une des particularités de ces contrats est qu'ils sont 'déterministes', c'est-à-dire que pour une entrée donnée, ils produiront toujours le même résultat. Par conséquent, il n'y a pas de place pour l'ambiguïté ou l'imprévu dans leur fonctionnement.

En plus de l'autonomie, un autre maillon essentiel des Smart Contracts est la confiance qu'ils inspirent. Une fois déployé sur une blockchain, le code du contrat devient immuable. Cela signifie qu'aucune des parties impliquées ne peut modifier unilatéralement les termes du contrat. De plus, toutes les transactions effectuées via un contrat intelligent sont transparentes et vérifiables, ce qui réduit les chances de fraude et crée un environnement équitable pour toutes les parties concernées.

L'utilisation de Smart Contracts couvre toute une gamme de domaines, du commerce électronique et des services financiers à la gouvernance numérique et au-delà. Ils permettent une automatisation efficace des processus d'affaires, réduisant les délais de transaction et augmentant l'efficacité. De plus, avec leur capacité à intégrer et à gérer des actifs numériques tels que les crypto-monnaies et les tokens non fongibles (NFT), les Smart Contracts sont devenus des outils précieux pour les entrepreneurs et les créateurs numériques.

Cependant, malgré leur polyvalence et leur potentiel, les contrats intelligents ne sont pas dépourvus de défis. Les enjeux de sécurité, le manque de standards légaux réglementés, ainsi que les limites des langages de programmation pour les contrats intelligents sont des défis que le domaine doit encore surmonter.

En somme,  dans le paysage numérique en constante évolution, les Smart Contracts sont devenus des outils inséparables. Ils représentent non seulement l'évolution de nos transactions en ligne, mais aussi une nouvelle ère de confiance, de transparence et d'automatisation. Même si des défis se présentent, le potentiel qu'ils offrent est indéniable et leur impact sur l'économie numérique est et continuera d'être significatif. Au fur et à mesure que la technologie s'améliore et que notre compréhension des contrats intelligents s'approfondit, on peut s'attendre à voir leur adoption et leur utilisation s'accroître.

## Programmer un Smart Contract

La programmation de Smart Contracts est au cœur de la blockchain, engendrant de nouvelles possibilités fascinantes dans le domaine de l'informatique décentralisée. Lorsque l'on commence à composer ces codes auto-exécutables, on franchit un cap important dans l'exploitation du potentiel de la technologie de la blockchain. Cela dit, prenons le temps d'étudier les caractéristiques et le processus de création d'un Smart Contract.

Le langage de programmation le plus couramment utilisé pour écrire des Smart Contracts s'appelle Solidity. C'est un langage influencé par C++, Python et JavaScript, qui a été spécialement conçu pour l'Ethereum Virtual Machine (EVM). Quand on s'attèle à la production d'un Smart Contract, il est essentiel d'apprécier la nature irréversible de ses actions. Une fois déployé sur la blockchain, ce dernier ne peut être modifié ou supprimé, instaurant ainsi un principe de rigueur important dès l'écriture du code.

Dans le processus de création d'un Smart Contract, le rédacteur débute par la définition de ses fonctions de base. Pour assurer la solidité de ce contrat, le codeur doit structurer soigneusement les paramètres et stipulations du contrat pour garantir l'exclusion de toute vulnérabilité. Typiquement, un contrat aura des variables d'état qui contiennent des informations spécifiques sur la blockchain. L'utilisation de ces variables permet de garder un œil sur les différents états d'un contrat, contribuant ainsi à une meilleure gestion et une plus grande sécurité.

Ensuite vient l'écriture des fonctions spécifiques au contrat. Par exemple, un contrat pour un échange de jetons peut inclure des fonctions liées au transfert de propriété des jetons. Ces fonctions sont codées pour être en harmonie avec les variables d'état, assurant ainsi la conformité et l'exactitude de toute opération effectuée.

Après avoir structuré les variables et les fonctions, le prochain pas consiste à utiliser un constructeur pour initialiser le contrat une fois qu'il est déployé sur la blockchain. C'est typiquement là qu'on détermine les paramètres initiaux du contrat.

Enfin, vient l'étape du déploiement du Smart Contract sur la blockchain. Avant cette phase cruciale, il est judicieux de tester minutieusement le contrat pour débusquer et corriger les éventuelles failles. Le déploiement lui-même se fait à travers un processus de migration spécifié par le truchement de scripts de migration.

La programmation d'un Smart Contract nécessite une connaissance approfondie de la technologie de la blockchain, du langage Solidity, mais aussi d'un ensemble de pratiques standard dans le développement de ces contrats. En parallèle des compétences strictement techniques, une compréhension précise des besoins fonctionnels que vient combler le contrat est indispensable afin d'assurer son utilité et sa sécurité. En somme, l'art de créer un Smart Contract se révèle être une pratique ardue nécessitant rigueur et expertise, mais demeure passionnante de par les opportunités presque infinies qu'elle ouvre.

## Déploiement et gestion

Dans le monde numérique d'aujourd'hui, le terme "Smart Contracts" fait référence à des protocoles automatisés qui, lorsqu'ils sont codés et déployés sur une blockchain, peuvent exécuter des transactions en se basant sur certains critères prédéfinis. L'un des principaux attraits des contrats intelligents est leur nature décentralisée, ce qui signifie qu'ils ne sont pas soumis au contrôle d'une entité ou d'un individu unique. Cela leur confère une impartialité inhérente et une résilience face à la censure ou à l'interférence.

Pour déployer un contrat intelligent, un développeur doit d'abord écrire le code qui le sous-tend. Ce code est généralement écrit dans un langage de programmation appelé Solidity, bien qu'il existe d'autres options. Une fois le code prêt, il est ensuite compressé en une forme binaire, qui peut être téléchargée sur la blockchain. Une fois sur la blockchain, le contrat intelligent existe en tant qu'entité autonome, capable d'interagir avec d'autres contrats et utilisateurs de la blockchain.

Le déploiement d'un contrat intelligent requiert une certaine quantité d'Ether, la monnaie native de la blockchain Ethereum. C'est une taxe pour l'exploitation minière nécessaire pour confirmer et enregistrer le contrat sur la blockchain. Cette dépense est une considération importante pour les développeurs, car le coût varie en fonction du nombre d'opérations que le contrat nécessite pour son fonctionnement.

Une fois déployé, la gestion de votre contrat intelligent ne disparaît pas pour autant. En fait, c'est souvent le point où les enjeux sont les plus élevés. Les contrats intelligents sont immuables une fois implantés dans la blockchain, ce qui signifie que toute erreur ou faille de sécurité dans le code ne peut être corrigée une fois que le contrat est en direct.

La gestion et la surveillance du contrat intelligent est donc essentielle pour s'assurer que le contrat fonctionne comme prévu. Cela peut inclure des tâches telles que la surveillance des transactions, l'identification des modèles d'utilisation anormaux qui pourraient indiquer une exploitation de failles de sécurité, et la mise à jour du contrat intelligent en déployant une nouvelle version si nécessaire.

Le déploiement et la gestion des contrats intelligents sont donc des processus délicats qui nécessitent une grande compétence et une grande prudence. Cependant, avec une préparation adéquate et une surveillance constante, les contrats intelligents peuvent offrir des avantages sans précédent en termes d'efficacité, de sécurité et de transparence. Ce sont là quelques-unes des techniques secrètes du monde du Web 3.0 ; elles nous aident à naviguer dans la complexité de la technologie de la blockchain et à exploiter son potentiel pour un avenir meilleur et plus décentralisé.

# Chapitre 4
# Tokens Non Fongibles
# (NFTs).

## Qu'est-ce qu'un NFT ?

Un Token Non Fongible (NFT), est un type de jeton cryptographique particulier natif de la blockchain. Son identité de base repose sur le cadre de la norme Ethereum ERC-721, bien que d'autres plates-formes et normes soient également capables de prendre en charge ce type de jeton numérique. Sa particularité réside dans un aspect clé : il est absolument unique et irrépétable, auquel s'opposent les jetons fongibles tels que le Bitcoin ou l'Ethereum, où chaque unité partage la même valeur et peut être substituée par une autre sans différence.

Ces jetons NFT peuvent représenter toute une gamme d'actifs numériques, tels que l'art, la musique, les jeux vidéo, les biens immobiliers virtuels, et plus encore. Pour les débutants, le concept peut être comparé à un type innovant de carte de collection numérique, où chaque carte possède une valeur intrinsèque distincte basée sur des critères tels que la rareté, l'histoire, et si elle est signée ou non par la célébrité ou l'artiste concerné.

Chaque NFT a un code numérique spécial qui le

distingue des autres, le rendant provablement rare et authentique. L'unicité de chaque NFT est définie par des métadonnées stockées dans un contrat intelligent, où sont gravées les informations telles que l'identité du créateur, la propriété, l'historique des transactions, et autres détails pertinents. C'est un concept révolutionnaire qui procure des preuves indéniables de possession, garantit des droits de propriété exclusifs, et donne même des moyens innovants de générer des revenus grâce à des modèles commerciaux tels que les royalties.

L'une des propriétés les plus intéressantes des tokens non fongibles est le fait qu'ils peuvent avoir plusieurs couches de valeurs imbriquées. Cela peut inclure, par exemple, la valeur esthétique dans le cas d'une œuvre d'art, ou la valeur sociale lorsqu'un jeton est associé à une célébrité ou à un événement notable. De plus, ces jetons peuvent incarner des valeurs financières, par exemple en étant négociés sur des marchés secondaires.

L'apparition des NFT a considérablement modifié la façon dont nous interagissons avec la culture numérique, l'art et les médias. Avant l'avènement des NFT, les œuvres d'art numériques étaient souvent soumises à la duplication sans fin sur internet, ce qui diluait leur valeur. Avec l'arrivée des NFT, cependant, une œuvre d'art numérique peut maintenir son originalité et sa rareté, avec un enregistrement clair et vérifiable de sa propriété.

En somme, un Token Non Fongible est un élément infalsifiable et unique qui apporte une réelle valeur et une originalité à l'actif numérique auquel il est associé. Il est le symbole d'une véritable révolution pour les créateurs de contenu, leur permettant de façonner et de maximiser la rareté, l'authenticité et la valeur de leurs œuvres. Grâce au NFT, l'immatériel virtuel a acquis une tangibilité incontestable comme jamais auparavant dans le monde numérique.

## Créer et vendre des NFTs

Créer et vendre des Tokens Non Fongibles, ou NFTs, est une tâche fascinante car elle vous permet d'avoir une influence sur le monde artistique numérique. En effet, les NFTs peuvent représenter des œuvres d'art numériques uniques, des objets de collection numériques, des immeubles virtuels, et bien plus encore. Leur particularité et leur unicité font leur charme.

La première étape de la création d'un NFT consiste à choisir une œuvre d'art ou un objet de collection numérique que vous possédez les droits. Il est crucial que l'oeuvre sélectionnée soit uniquement de votre création pour éviter tout conflit juridique ultérieur relatif à la propriété intellectuelle. Une fois votre choix arrêté, il faut numériser votre objet d'une manière qui garantit sa singularité.

Après avoir choisi et numérisé votre création, la deuxième étape serait de la rendre "non fongible". Pour ce faire, vous devrez passer par le processus de "minting". Le minting est le processus qui transforme votre œuvre d'art numérique en un token non-fongible sur la blockchain. Il existe plusieurs plateformes qui peuvent vous aider dans ce processus, mais les plus populaires sont Ethereum, Flow et Binance Smart Chain. Chacune de ces plateformes a des avantages et des inconvénients en matière de frais de transaction et de minting, de popularité et de facilité d'utilisation. Il est donc nécessaire de bien vous renseigner avant de vous lancer pour choisir la plus adaptée à vos besoins.

Une fois votre token non fongible créé, la troisième étape consistera à le mettre en vente. Une fois encore, plusieurs plateformes de vente de NFT existent, certaines étant spécialisées dans certains types d'œuvres d'art, d'autres auprès d'un public spécifique. Les plateformes les plus connues sont OpenSea, Rarible et Foundation. Avant de lister votre NFT sur ces plateformes, il serait prudent de faire des recherches sur leur politique, leurs frais de transaction et leur audience. Il convient également d'établir une stratégie de tarification réfléchie. Un prix trop élevé peut dissuader les acheteurs potentiels, tandis qu'un prix trop bas pourrait ne pas vous rapporter autant que vous l'espériez.

Lors de la mise en vente de votre NFT, il est également crucial de bien communiquer sur votre œuvre. Les descriptions détaillées et les histoires liées à la création de vos œuvres peuvent ajouter de la valeur et attirer plus de clients potentiels. De plus, partager votre NFT sur les réseaux sociaux ou dans des communautés d'artistes peut vous aider à atteindre un public plus large.

En conclusion, la création et la vente de NFTs sont des démarches qui requièrent de la créativité, une bonne compréhension de la technologie blockchain et une solide stratégie de tarification et de marketing. C'est un voyage passionnant dans l'univers numérique qui offre à la fois des défis et des récompenses.

## Marchés de NFTs

Le monde impétueux de l'internet a vu l'émergence d'un nouveau marché, celui des Tokens Non Fongibles (NFTs). Des créations numériques uniques ont été catapultées au centre de la scène médiatique, attirant l'attention d'artistes, de collectionneurs et d'investisseurs du monde entier. Sous sa couche visible, un ensemble complexe d'outils financiers et juridiques a émergé, transformant le marché des NFTs en une véritable économie.

Les NFTs sont des entités numériques uniques qui vivent sur une blockchain. Leur particularité réside dans le fait qu'ils sont à la fois uniques et infalsifiables. Contrairement aux cryptomonnaies, chaque NFT est distinct et non interchangeable. Le marché des NFTs a donc émergé comme une plateforme puissante pour la négociation de ces tokens uniques, souvent attachés à des œuvres d'art numériques, musiques, vidéos, textes littéraires, mais aussi à tout autre élément numérique imaginable.

Sur le marché des NFTs, les transactions sont visibles pour tous. Ainsi, ce marché dynamique jouit d'une transparence sans précédent où les collectionneurs, artistes, investisseurs et autres parties prenantes peuvent tracer et vérifier la provenance et la propriété d'un NFT. Cette transparence inhérente sert également à authentifier les œuvres d'art numériques, éliminant le problème classique de la contrefaçon d'art et établissant un lien direct entre l'artiste et son œuvre.

L'aspect financier du marché des NFTs montre une autre dimension fascinante de ce monde numérique. Les NFTs ont déclenché une course aux enchères virtuelles où des œuvres d'art numériques se sont vendues à des prix exorbitants. Bien que cela ait suscité des critiques quant à l'éventuelle formation d'une bulle financière, cela a également attiré l'attention sur le potentiel de ces nouveaux actifs numériques.

L'émergence des NFTs a également ouvert un nouveau panorama pour les artistes en leur offrant un nouvel espace pour vendre leur travail. Leur entrée dans le marché des NFTs a modifié la dynamique traditionnelle du monde de l'art, permettant aux artistes de vendre directement à leurs soutiens sans passer par des intermédiaires. En revanche, il faut noter que la technologie de la blockchain, bien que prometteuse, n'est pas sans obstacles. Par exemple, des questions essentielles de protection des droits d'auteur et de coûts environnementaux associés à la production de NFTs sont en discussion.

Les perturbations apportées par le marché des NFTs ne se limitent pas à l'économie ou à l'art. À l'aube de la réalité virtuelle et de l'avènement des mondes numériques, les NFTs ouvrent des possibilités sans précédent pour la possession de biens numériques. Du terrain virtuel aux vêtements numériques, le marché des NFTs transforme ce que signifie posséder dans le monde numérique.

En somme, le marché des NFTs, avec sa structure transparente, ses interactions artistiques authentiques et son portée financière, commence à remodeler de nombreux aspects des industries traditionnelles et du monde numérique. C'est un écosystème bourgeonnant qui, malgré certains défis, promet de remodeler notre compréhension de la propriété, de l'authenticité et de la valeur à l'ère numérique.

# Chapitre 5
# Introduction aux DApps.

## Définition et Importance

Les applications décentralisées, plus communément appelées DApps, sont d'une importance considérable dans le monde de la technologie blockchain. Pour commencer, une DApp est une application logicielle dont le backend (le cœur fonctionnel) s'exécute sur un réseau décentralisé - en contraste avancé avec les applications traditionnelles qui fonctionnent sur des serveurs centralisés. Les DApps exploitent la blockchain et les contrats intelligents pour offrir une expérience utilisateur transparente qui gère efficacement les interactions entre les utilisateurs et les fournisseurs.

Le concept de DApp est né d'une pratique émergente pour protéger les données des utilisateurs contre la surveillance, l'exploitation ou la manipulation potentielle. Les DApps peuvent rester hors de la portée de tiers malhonnêtes, veillant à ce que les utilisateurs contrôlent leurs données. Ce pouvoir d'auto-contrôle confère aux DApps une grande importance.

En plus de renforcer la sécurité et la confidentialité,

les DApps sont primordiales car elles présentent une résistance exceptionnelle à la censure. Les serveurs centralisés peuvent facilement être atteints par des restrictions géographiques ou plus simplement par la volonté d'entités spécifiques d'altérer l'accès, le fonctionnement ou même de censurer complètement du contenu. En revanche, dans le monde décentralisé des DApps, une telle censure est presque impossible. Chaque participant contribue au maintien de l'application, rendant ainsi toute tentative de la saboter ou de la manipuler quasiment impossible.

L'importance des DApps ne s'arrête pas là. Elles changent foncièrement la dynamique économique entre les parties. Par exemple, dans une application de média social traditionnelle, le fournisseur de services (la plateforme) a tendance à bénéficier des interactions des utilisateurs, en capitalisant sur leurs données. Cependant, avec les DApps, chaque participant peut être récompensé pour son rôle actif dans l'écosystème grâce à des systèmes d'incitation. Ce modèle de récompense peut conduire à un engagement accru de la part des utilisateurs, façonnant ainsi une dynamique de communauté plus solide et saine.

Un autre aspect crucial des DApps réside dans leur capacité de transparence. Grâce à l'utilisation de la blockchain, toutes les transactions et interactions sont enregistrées dans un registre public et immuable. Ce registre confère aux utilisateurs une visibilité totale sur les actions effectuées. Cette transparence intrinsèque peut contribuer à renforcer la confiance des utilisateurs envers l'application.

Enfin, outre l'amélioration de la sécurité, de la résistance à la censure, de la restructuration de la dynamique économique et de la transparence, l'importance des DApps se manifeste également par leur potentiel de décentraliser le web. Le Web 3.0, également connu sous le nom de web décentralisé, signifie une version du web où les utilisateurs contrôlent leurs données. Les DApps sont en première ligne de cette révolution, redonnant le pouvoir à l'utilisateur, participant à un équilibre plus équitable des forces sur le web. Dans ce contexte, il est clair que les DApps ont une importance considérable. Elles dessinent le futur des interactions sur le web, un futur qui prône la décentralisation, l'équité, la transparencia, l'intégrité et la protection des utilisateurs.

## Architecture des DApps

La nature unique de la technologie des DApps (Decentralized Applications) réside dans son architecture décentralisée. Contrairement aux applications traditionnelles hébergées sur des serveurs centralisés, les DApps sont construites sur des technologies de blockchain. En explorant l'architecture des DApps, il est important de comprendre comment elles exploitent le pouvoir de la blockchain.

Au cœur des DApps se trouve la blockchain, une base de données décentralisée et transparente. C'est le niveau fondamental sur lequel viennent se superposer les fonctionnalités des DApps. Chaque transaction effectuée au sein du DApp est enregistrée sur la blockchain. Cela apporte une totale transparence et une sécurité renforcée, car chaque transaction est immuable et vérifiable par n'importe quel utilisateur.

L'autre couche importante dans l'architecture des DApps est le protocole du contrat intelligent ou Smart Contract. En effet, la logique de l'application

est encodée dans les contrats intelligents qui
agissent en quelque sorte comme des agents
autonomes, qui effectuent des transactions et
exécutent des opérations en fonction de règles
prédéfinies. On peut les comparer à des
programmes d'automatisation qui éliminent la
nécessité d'une intervention humaine. Ce système,
lorsqu'il est correctement utilisé, peut aider à
réduire les coûts, limiter les erreurs humaines et
augmenter l'efficacité des transactions.

Ensuite, les DApps intègrent une interface
utilisateur frontal qui communique avec les contrats
intelligents par l'intermédiaire de certaines APIs.
Cette interface est la partie visible de l'application
par laquelle l'utilisateur final interagit. Elle peut être
construite en utilisant n'importe quel langage de
programmation qui répond aux autres exigences
techniques du DApp.

En outre, dans l'architecture des DApps, aucune
entité unique n'a le contrôle sur le réseau. Cela
permet d'éviter un point unique de défaillance, ce
qui augmente la résilience et la robustesse du
système. Par conséquent, une fois le contrat
intelligent déployé sur le réseau de la blockchain, il

ne peut être modifié ni contrôlé par une seule partie. C'est cet aspect qui offre une résistance à la censure, car contrairement aux applications centralisées, une DApp ne peut pas être fermée ou modifiée par une autorité centralisée.

Un autre élément clé dans la conception des DApps est leur caractère ouvert. Les DApps sont généralement open source, ce qui signifie que le code source de l'application est accessible à tout le monde pour examen ou contribution. Cela renforce la confiance dans le système, car tout le monde peut vérifier le code et s'assurer qu'il fonctionne comme prévu.

En résumé, l'architecture des DApps repose sur la blockchain, les contrats intelligents, une interface utilisateur et une conception décentralisée et ouverte. Ensemble, ces éléments contribuent à créer des applications qui sont transparentes, sécurisées et résistantes aux tentatives de censure. Les DApps ont le potentiel de transformer de nombreux secteurs, des services financiers aux réseaux sociaux, en passant par la gouvernance et au-delà, en permettant des transactions et des interactions plus justes, plus sécurisées et plus ouvertes.

## Exemples notables

Dans le monde en évolution rapide de la blockchain et des contrats intelligents, il y a plusieurs exemples notables de DApps (applications décentralisées) qui ont révolutionné diverses industries et ont établi de nouvelles normes pour l'application de la technologie de la blockchain dans différents secteurs.

L'un des exemples les plus remarquables et sans doute le plus reconnu reste CryptoKitties, une plateforme de jeu basée sur Ethereum où les joueurs peuvent acheter, collectionner, élever et vendre des chatons numériques. C'est l'un des premiers jeux à être construits sur une blockchain, et son succès a démontré le potentiel du Web 3 pour révolutionner l'industrie du jeu. Les chatons, dans CryptoKitties, sont considérés comme des actifs numériques non fongibles (NFT) qui peuvent être vendus et acquis sur le marché. Non seulement cela a propulsé le concept de NFT sur le devant de la scène, mais il a également prouvé l'applicabilité des contrats intelligents dans le domaine des jeux.

Un autre exemple notable est Uniswap, une bourse décentralisée qui utilise des contrats intelligents pour créer des marchés pour tout type de jeton ERC20. Par rapport aux échanges centralisés traditionnels, Uniswap offre plusieurs avantages. Il permet aux utilisateurs d'échanger des jetons directement depuis leurs portefeuilles numériques sans avoir besoin de tiers. De plus, en utilisant des contrats intelligents, Uniswap rend le processus d'échange plus sécurisé et plus transparent.

Parmi les autres exemples de DApps qui ont eu un impact significatif sur leur domaine respectif figure MakerDAO, une plateforme de prêt décentralisée qui permet à ses utilisateurs d'emprunter et de gagner des intérêts sur leurs crypto-monnaies. Géré par des contrats intelligents sur la blockchain Ethereum, MakerDAO a radicalement transformé la finance décentralisée (DeFi) en offrant une solution robuste et sécurisée pour les prêts et la stabilité financière basée sur la crypto-monnaie.

En outre, Decentraland est un autre exemple emblématique de DApp qui a mis en lumière l'intégration réussie de la blockchain et des réalités virtuelles. Il s'agit d'un monde virtuel décentralisé où les utilisateurs peuvent acheter, posséder et monétiser leurs biens immobiliers numériques. Grâce à l'utilisation des NFT et des contrats intelligents, ces biens immobiliers numériques peuvent être échangés et vendus en toute sécurité sur le marché, ce qui offre un nouvel espace à la propriété numérique.

En somme, que ce soit dans le domaine du jeu, de la finance, des échanges ou de la réalité virtuelle, on peut observer la présence croissante des DApps. Ces exemples de CryptoKitties, Uniswap, MakerDAO et Decentraland sont des preuves vivantes des innovations passionnantes et variées qui peuvent être réalisées grâce au Web 3. Ils mettent en évidence le potentiel des DApps non seulement à modifier le paysage existant de divers secteurs, mais aussi à créer de nouvelles structures décentralisées pour l'avenir.

# Chapitre 6

# Smart

# Contracts.

## Bases des Smart Contracts

Les Smart Contracts, ou contrats intelligents, sont l'une des innovations les plus novatrices engendrées par la technologie blockchain. Ces instruments digitaux nous offrent une toute nouvelle perspective de réalisation des transactions à plusieurs niveaux, variant de l'échange de biens aux services financiers.

Habituellement, lorsqu'il s'agit de transfert de propriété ou de fonds, la plupart d'entre nous comptent sur les intermédiaires de confiance. Ceux-ci, autrement appelés tiers de confiance, peuvent prendre la forme d'avocats, d'agents immobiliers ou encore de banques. Cela peut cependant entraîner des frais supplémentaires pour les utilisateurs. C'est ici que les Smart Contracts entrent en jeu. Ces contrats intelligents éliminent le besoin de passer par ces intermédiaires en digitalisant et en automatisant l'ensemble du processus.

Les éléments fondamentaux des Smart Contracts sont leurs règles et leurs conditions. Tout comme les contrats traditionnels, les Smart Contracts stipulent les obligations et les droits de chaque partie concernée. Cependant, il existe une particularité essentielle dans les contrats intelligents : l'exécution de ces contrats est gérée par un code informatique. Autrement dit, une fois qu'un Smart Contract est conclu, la technologie blockchain veille à ce que toutes les clauses soient respectées et que le contrat soit exécuté selon les termes préétablis. Si une condition n'est pas remplie, le contrat cesse de s'exécuter. Cela augmente la sécurité des transactions et réduit le risque de non-respect du contrat.

Un autre point intéressant à noter est le caractère immuable des Smart Contracts. Une fois créés, ces contrats intelligents ne peuvent être modifiés, ce qui garantit l'intégrité du contrat et empêche toute manipulation indésirable. L'immutabilité est le résultat de la technologie blockchain qui stocke chaque Smart Contract sur une multitude de nœuds du réseau, rendant la falsification pratiquement impossible.

Contrairement à un contrat traditionnel, le code d'un Smart Contract est transparent et visible pour tous les participants du réseau. Chacun peut voir les conditions et vérifier la logique du contrat pour s'assurer de sa validité. La transparence et l'intégrité technique des Smart Contracts sont particulièrement bénéfiques pour renforcer la confiance entre parties anonymes, franchissant les barrières qui pourraient résulter d'un manque de connaissance mutuelle.

En fin de compte, les Smart Contracts représentent un instrument puissant révolutionnant la façon dont nous réalisons les transactions et les accords commerciaux. Ils éliminent le besoin de passer par des intermédiaires, réduisant ainsi les coûts, tout en augmentant la sécurité et la fiabilité des transactions. Ayant ces bases à l'esprit, on peut clairement voir l'impact potentiel des Smart Contracts à mesure que nous avançons dans l'ère du Web 3. Ils présentent une promesse d'autonomie, d'efficacité et de sécurité qui pourrait bien redéfinir la manière dont nous concluons les accords à l'avenir.

## Développement et déploiement

Développement et déploiement des contrats intelligents, ou Smart Contracts, sont des processus critiques dans le monde de la blockchain. Leur conception, à la fois créative et précise, repose non seulement sur une compréhension solide des principes de programmation, mais également sur un savoir-faire à la pointe de cette technologie émergente. Un contrat intelligent bien conçu peut transformer radicalement la manière dont une entreprise fonctionne, créant de nouvelles économies d'efficacité et de nouveaux modèles de revenus. Au contraire, un contrat mal conçu peut avoir des conséquences désastreuses, c'est pourquoi il est vital de comprendre les étapes clés du développement et du déploiement des contrats intelligents.

L'aventure commence à partir de l'écriture du contrat. Les Smart Contracts sont souvent écrits dans un langage de programmation appelé Solidity, qu'utilise Ethereum, la blockchain la plus populaire pour les contrats intelligents. La précision est essentielle lors de la rédaction de contrats intelligents car, une fois déployés sur la blockchain, ils ne peuvent plus être modifiés. Pour cela, la phase de développement implique généralement des tests rigoureux pour s'assurer que le contrat se comporte comme prévu.

Suit alors la phase de déploiement. Cette étape est cruciale car c'est à ce moment que le contrat intelligent est rendu public et devient immuable. À ce stade, il devient crucial d'assurer une sécurité optimale. Une fois le contrat déployé, il est auditée pour déceler d'éventuelles failles de sécurité. Ensuite, les utilisateurs peuvent interagir avec le contrat en lui envoyant des transactions, qui seront validées par le réseau blockchain.

Il convient de noter que le déploiement d'un contrat intelligent est un processus irréversible. Une fois qu'un contrat est déployé sur la blockchain, il ne peut plus être modifié ni retiré. Cela signifie qu'une fois le contrat en ligne, toutes les erreurs sont permanentes. Les bugs ne peuvent pas être corrigés par une simple mise à jour de code. Les erreurs de programmation peuvent donc coûter très cher, comme l'a montré le piratage du projet DAO en 2016, où une faille dans un contrat intelligent a permis à un attaquant de dérober 50 millions de dollars.

En somme, le développement et le déploiement des contrats intelligents sont des processus complexes qui exigent une grande rigueur et une excellente connaissance technique. En tant que développeurs, il est de notre responsabilité de nous assurer que nos contrats intelligents sont non seulement fonctionnels, mais aussi sécurisés et efficaces. Il faut garder à l'esprit que l'avenir de la blockchain et des contrats intelligents ne dépend pas seulement de notre capacité à créer de nouvelles innovations, mais aussi de notre engagement à maintenir les plus hauts standards de qualité et de sécurité.

## Cas d'utilisation

Dans l'écosystème technologique, le contrat intelligent, ou "Smart Contract", joue un rôle crucial en instaurant une dynamique nouvelle entre les parties prenantes. Le présent ouvrage, Techniques secrètes du Web 3, Blockchain, Smart Contracts, Attaques Sandwich, dresse le panorama de nombreuses utilisations de cette technologie, permettant au lecteur de saisir toute sa portée disruptive.

Les Smart Contracts ont d'abord trouvé une application pertinente dans l'industrie financière. Là où autrefois, un investisseur devait naviguer laborieusement dans les dédales bureaucratiques et les contraintes temporelles, aujourd'hui, grâce aux Smart Contracts, les étapes d'un investissement sont simplifiées, rationalisées. Par exemple, un investisseur potentiel pourrait utiliser un Smart Contract pour acheter des actions; une fois l'argent transféré, les actions seraient immédiatement obtenues en retour. De même, un prêt pourrait être émis avec des taux d'intérêt, des délais de remboursement et d'autres paramètres prédéfinis dans le Smart Contract, supprimant ainsi l'incertitude et le risque liés à un manquement contractuel.

Les contrats intelligents ont également un large éventail d'applications potentielles dans la logistique. Les biens peuvent être suivis, validant leur entrée et leur sortie à certains points du réseau. Le paiement peut ensuite être automatiquement déclenché une fois que le bien atteint une destination spécifique. Cela assure une plus grande transparence et réduit les risques de fraude.

L'industrie immobilière regorge également de possibilités d'application des Smart Contracts. Pour la location de biens, par exemple, un Smart Contract pourrait être utilisé pour gérer automatiquement les dépôts de garantie. Une fois que le locataire a payé le dépôt, le contrat est activé, garantissant que le dépôt est retourné sans problèmes à la fin de la période de location, sauf si le propriétaire signale un problème. Cela pourrait également être utilisé pour la gestion des biens immobiliers, où la propriété d'une maison ou d'un appartement pourrait être transférée avec facilité et sécurité par le biais d'un Smart Contract.

En ce qui concerne l'industrie du divertissement, les Smart Contracts pourraient révolutionner la manière dont les créateurs de contenu sont rétribués. Actuellement, une quantité importante de revenus générés par un contenu est perdue dans les intermédiaires. Grâce aux Smart Contracts, un artiste pourrait vendre directement son contenu à son public. Le contrat intelligent déclencherait le paiement une fois que l'utilisateur a accédé au contenu, assurant ainsi un flux plus direct de revenus pour les créateurs.

Quant aux marchés d'énergie, l'usage des Smart Contracts est considérable. Ils pourraient permettre l'échange d'énergies renouvelables au sein de micro-réseaux d'énergie locale. Des producteurs d'énergie pourraient vendre directement leur surplus d'énergie à des consommateurs au sein de leur réseau grâce à un Smart Contract, favorisant ainsi l'économie de proximité.

En conclusion, les Smart Contracts ont le potentiel de modifier considérablement la façon dont les transactions sont effectuées dans une multitude d'industries. En automatisant le processus de paiement et de réalisation des conditions contractuelles, ils réduisent les risques, augmentent la transparence et améliorent l'efficacité. L'exploration de ces cas d'utilisation dans le présent ouvrage vise à fournir un aperçu de leur capacité à transformer notre économie et notre vie quotidienne.

# Chapitre 7
# L'Attaque Sandwich.

## Concept et Mécanisme

L'attaque sandwich est un concept sophistiqué qui a pris d'assaut le monde des transactions sur la blockchain et des contrats intelligents. Elle tire son nom de la manière dont elle exploite la technologie blockchain, en emprisonnant une transaction spécifique entre deux autres opérations contrôlées par l'attaquant - d'où le terme 'sandwich'.

Pour comprendre le mécanisme de l'attaque sandwich, il convient tout d'abord de se rappeler que chaque transaction en bloc est publique. Par conséquent, dès qu'une transaction est initiée, toute personne observant le réseau peut la voir et y réagir avant même qu'elle ne soit confirmée. Les attaquants utilisent précisément cette propriété pour profiter des utilisateurs.

Dans une attaque sandwich typique, un attaquant repère une transaction spécifique qu'il souhaite exploiter. Il va ensuite créer deux transactions supplémentaires. La première, souvent appelée transaction d'ouverture, est conçue pour augmenter le prix d'un certain actif juste avant que la transaction cible ne soit confirmée. La deuxième transaction, appelée transaction de clôture, est destinée à vendre cet actif immédiatement après la confirmation de la transaction cible. En augmentant puis en diminuant rapidement le prix, l'attaquant peut réaliser un gain substantiel.

Plus précisément, lorsque l'attaquant repère une transaction qu'il souhaite exploiter, il crée sa transaction d'ouverture avec une importante quantité d'actifs pour augmenter leur prix. Il règle les frais de gaz de cette transaction d'ouverture plus élevés que la transaction cible pour s'assurer qu'elle sera traitée plus rapidement. Ensuite, il duplique la transaction cible à un prix plus élevé et avec des frais de gaz encore plus élevés pour garantir qu'elle sera traitée immédiatement après la transaction d'ouverture. Enfin, l'attaquant crée la transaction de clôture pour vendre rapidement les actifs à leur prix gonflé.

Le rôle de l'attaquant est critique ici. S'il ne réussit pas à positionner correctement ses transactions ou s'il ne prédit pas correctement le marché, toute l'opération pourrait aboutir à une perte. C'est un jeu à haut risque et les gains ne sont jamais garantis. Toutefois, lorsque l'attaque réussit, l'attaquant peut tirer des profits importants, aux dépens du titulaire du contrat intelligent ciblé.

En définitive, l'attaque sandwich est une conséquence inattendue de la transparence et de la perméabilité du réseau qui caractérisent la technologie blockchain. Elle révèle attirer autant des individus ingénieux cherchant à maximiser leurs gains que des acteurs malveillants. Pour ces raisons, il est essentiel de prendre en compte ce type de stratégies lors de l'évaluation des risques et de l'élaboration de projets basés sur la blockchain et les contrats intelligents.

## Prévention et Mitigation

Dans mon livre "Techniques secrètes du Web 3, Blockchain, Smart Contracts, Attaques Sandwich", j'illustre l'importance de prendre des mesures de prévention et d'atténuation pour sécuriser les transactions de blockchain et éviter les attaques de type Sandwich.

La première étape cruciale dans la prévention de l'attaque sandwich est l'éducation et la sensibilisation. Les utilisateurs et les développeurs de blockchain doivent comprendre en profondeur le fonctionnement des contrats intelligents et des transactions en attente de blocage. Ils doivent être conscients de la menace de l'Arbitrage Minier et comment une transaction peut être manipulée par des attaquants opportunistes qui analysent la mémoire du pool pour identifier des transactions à rendement élevé.

Un moyen efficace de prévenir ces attaques est de configurer correctement les paramètres de la transaction, tels que la limite de gaz et le prix du gaz. En fixant un prix du gaz plus élevé, une transaction peut être rendue plus attrayante pour les mineurs traditionnels plutôt que pour les arbitres. De telles transactions seraient alors confirmées rapidement - potentiellement avant qu'un arbiTrage Minier ait la chance d'identifier et de soumettre une caractéristique de transaction sandwich.

L'utilisation de la protection de Front Run est également une technique vitale pour sécuriser les transactions. Cela amène la transaction de user A à exécuter seulement si la transaction ciblée de user B est également confirmée dans le même bloc. Cela évite que l'attaque ne soit bénéfique pour les arbitres en augmentant leurs frais de gaz, rendant l'entreprise non rentable.

Le retardement volontaire des transactions peut également servir de dissuasion. Il s'agit ici de ne pas tenter d'exécuter une transaction profitable immédiatement mais de la cacher parmi une série de transactions ordinaires. Cette manœuvre déroute les arbitres, car ils ne peuvent pas déterminer facilement laquelle est la transaction à forte valeur.

Enfin, le cryptage des transactions en attente, tout en étant une approche plus radicale, est une mesure prometteuse contre l'Attaque Sandwich. En cryptant les transactions dans la mémoire du pool avant qu'elles ne soient confirmées dans le bloc, les détails de la transaction sont cachés, éliminant ainsi la possibilité d'Arbitrage Minier.

Il convient de noter que même si ces mesures d'atténuation peuvent réduire le risque d'une Attaque Sandwich, aucune d'entre elles ne peut garantir une sécurité à 100%. Les stratégies de prévention et d'atténuation doivent être régulièrement révisées et mises à jour pour rester en phase avec les tactiques sophistiquées et changeantes des attaquants potentiels. Selon leur capital, leur technologie et leur motivation, certains arbitres sont prêts à prendre des risques considérables pour exécuter leurs attaques. Il est donc fondamental que les utilisateurs soient constamment prêts à s'adapter et à changer de stratégie pour anticiper la prochaine vague d'attaque potentielles.

## Études de cas

Une étude de cas en particulier peut aider à comprendre la complexité et l'ingéniosité inhérentes à une attaque Sandwich. C'est une situation qui implique une intrigue qui se déroule sur une plateforme de crypto-monnaie. Nous appellerons notre personnage principal Bob, un trader sophistiqué, et les acteurs malveillants Alice et Charlie.

Bob, un investisseur expérimenté, prévoit de faire une transaction sur une plateforme de crypto-monnaie décentralisée. Il souhaite acheter une certaine quantité d'un jeton EREUM. Pour faciliter cette transaction, une transaction est postée sur la blockchain avec son ordre d'achat mais elle n'a pas encore été exécutée. C'est là qu'Alice et Charlie, préméditant une attaque Sandwich, entrent en scène.

Alice, excellant dans l'observation de la blockchain, repère la transaction non traitée de Bob. Elle constate que Bob essaye d'acheter un grand nombre de jetons EREUM à un prix relativement bas. Voyant une occasion en or, Alice décide de devancer l'achat de Bob en proposant un prix plus élevé pour le même jeton EREUM.

Dès que la transaction d'Alice est enregistrée et que les jetons EREUM sont dans son portefeuille, Charlie prend le relai. Charlie, connaissant les intentions d'Alice, attend le bon moment pour vendre ses propres jetons EREUM à un prix encore plus élevé que celui proposé par Alice. Ici, le prix du jeton EREUM augmente en raison de cette manipulation orchestrée par Alice et Charlie, et ce, avant même que le premier ordre de Bob ne soit exécuté.

Réalisant que le prix du jeton EREUM a augmenté, mais ne comprenant pas pourquoi, Bob décide de ne pas changer son ordre d'achat car il était précédemment disposé à accepter une certaine volatilité du prix. Cependant, Bob ignore qu'il achète désormais des jetons EREUM à un prix plus élevé que celui qu'il avait initialement proposé.

Une fois l'achat de Bob réalisé, Charlie, qui avait jadis vendu ses jetons EREUM à un prix plus élevé, propose maintenant d'acheter ces jetons à un prix inférieur à celui de Bob mais supérieur à son prix de vente initial. À son tour, Alice qui a déjà exécuté avec succès sa stratégie, vend ses jetons EREUM à Charlie, finalisant ainsi l'attaque Sandwich.

Cette situation laisse Bob avec des jetons EREUM achetés à un prix artificiellement gonflé, tandis qu'Alice et Charlie ont réalisé un bénéfice en exploitant avec succès l'ordre d'achat non exécuté de Bob. C'est cette ingéniosité sournoise qui est à la base d'une attaque sandwich efficace, rendus possible par la nature transparente des transactions blockchain et la rapidité d'exécution des smart contracts.

L'attaque Sandwich est un exemple frappant de la manière dont les intervenants malveillants peuvent manipuler les fluctuations de prix sur les marchés de la cryptomonnaie, créant ainsi un environnement d'investissement incertain. C'est pourquoi une compréhension des mécanismes de échanges et des principales stratégies d'attaques est essentielle pour tout investisseur dans l'écosystème de la blockchain.

# Chapitre 8
# Time Weighted Average
# Market Maker
# (TWAMM).

# Introduction au TWAMM

L'essor rapide et expansif de la technologie blockchain a provoqué une série de révolutions dans le monde des affaires, de la finance et de la technologie. Dans cet environnement anarchique et décentralisé, nous avons vu l'émergence de concepts révolutionnaires, et parmi eux se trouve le « Time-Weighted Average Market Maker » ou TWAMM. Dans cette introduction au TWAMM, nous allons examiner l'intérêt de ce concept, comment il fonctionne, et comment il peut être utilisé pour tirer le meilleur parti des nombreuses opportunités offertes par la blockchain.

Le TWAMM se situe au cœur de l'écosystème dynamique des marchés financiers décentralisés. Il a révolutionné la façon dont les valeurs sont échangées en facilitant les transactions et en améliorant l'équitabilité et la transparence des échanges. Les échanges basés sur le TWAMM aident à atténuer les risques de volatilité du marché et d'attaques sandwich, des problèmes omniprésents dans l'espace blockchain.

Le TWAMM se distingue des autres concepts de la

blockchain par son caractère unique et sa portée. Il exploite une approche algorithmique pour fournir une représentation plus précise, équilibrée et équitable du marché. Le TWAMM utilise les variations temporelles des prix pour établir une moyenne pondérée qui favorise l'équilibre et l'efficacité des marchés. Cette évolution est d'une importance cruciale pour les investisseurs, car elle permet une exposition plus juste et plus équilibrée à la volatilité du marché.

Le TWAMM fonctionne en calculant le prix des actifs sur une période de temps donnée, au lieu de se baser sur un instant précis. Cette moyenne pondérée dans le temps est alors utilisée pour déterminer le prix de l'actif lorsque l'opération est effectuée. Ce mécanisme permet d'éviter les variations brusques de prix qui peuvent se produire dans le cas de transactions ponctuelles, ce qui est particulièrement utile dans les marchés volatiles, où les prix peuvent fluctuer de manière significative et imprévisible en un court laps de temps.

Grâce au TWAMM, les acteurs de l'écosystème de la blockchain peuvent s'engager dans des transactions plus sûres et plus rentables. Les acteurs peuvent maximiser leurs gains tout en réduisant leur exposition aux risques typiques des marchés traditionnels. Les utilisateurs peuvent s'engager dans des opérations à long terme sans craindre de fortes fluctuations de prix qui pourraient miner leurs investissements. Cela offre un avantage significatif dans l'écosystème de la blockchain, où les fluctuations de prix rapides et imprévisibles sont courantes.

En résumé, le Time-Weighted Average Market Maker est un outil important pour ceux qui cherchent à exploiter les opportunités de la blockchain de manière plus sûre et plus équilibrée. Il offre une plus grande transparence, une meilleure équité et un meilleur contrôle de la volatilité que les approches traditionnelles. Qu'il s'agisse d'éviter les attaques sandwich ou de simplement naviguer dans un marché volatile avec sophistication, le TWAMM offre une solution robuste pour les défis uniques de la blockchain. En comprenant ses principes de base et son fonctionnement, les acteurs peuvent être mieux équipés pour tracer leur chemin dans l'écosystème dynamique et en constante évolution de la finance décentralisée.

## Fonctionnement du TWAMM

Le Time Weighted Average Market Maker, ou TWAMM, est une innovation révolutionnaire dans le monde des échanges décentralisés de l'écosystème Web 3. Sa création repose sur la volatilité et l'évolution constante des marchés, dans une quête d'équilibre entre le commerce routinier et une valeur de token plus stable. Le TWAMM transforme le commerce des tokens en un événement plus prédictible, évitant ainsi aux traders de tomber dans les nombreux pièges de la volatité des prix.

Le cœur du TWAMM repose sur le concept du Time Weighted Average Price (TWAP). Le TWAP est une moyenne calculée sur la base du prix d'un token sur un certain temps. Ce concept est largement utilisé en finance, mais le TWAMM en fait un usage particulier. Il s'efforce de maintenir une moyenne stable du prix d'un token tout au long de la journée. En d'autres termes, le TWAMM se base sur la trajectoire des prix plutôt que sur des valeurs ponctuelles.

Au lieu de permettre des transactions instantanées,

comme le font les market makers automatiques traditionnels, le TWAMM distribue ces transactions sur une période, éliminant ainsi les chocs temporaires du marché. Cette approche encouragerait potentiellement plus de traders à participer, sachant qu'ils ne sont pas à la merci de manipulations du marché ou de variations de prix soudaines.

Cependant, pour que le TWAMM fonctionne comme prévu, il doit être soutenu par des réserves de liquidités suffisantes. C'est toujours une préoccupation majeure, car cette quantité de liquidités agit comme un coussin de sécurité en cas de mouvements de marché imprévus. De plus, ce sont ces liquidités qui permettent au TWAMM d'assurer une stabilité de prix, même en cas de demande importante.

La flexibilité du TWAMM se traduit également par la possibilité d'ajuster les périodes TWAP en fonction des exigences spécifiques de l'écosystème. Plus la période est longue, plus le risque de volatilité à court terme est atténué. Cependant, il s'accompagne également d'une latence plus élevée. En d'autres termes, un TWAMM avec une longue fenêtre TWAP sera plus lent à réagir à la dynamique du marché.

En fin de compte, le TWAMM est un mécanisme conçu pour offrir une stabilité et une prévisibilité accrues dans un monde où la volatilité est inévitable. Son approche unique de la gestion du temps et du poids moyen confère une certaine robustesse contre certaines formes de manipulation du marché tout en encourageant une participation plus vaste. Bien que sa mise en œuvre nécessite une réflexion rigoureuse et précise, ses avantages potentiels sont nombreux. Le TWAMM représente une innovation majeure qui pourrait bouleverser la façon dont les échanges décentralisés sont conduits, apportant une stabilité accrue et un meilleur environnement pour les traders.

## Avantages et Limitations

L'intérêt croissant des décentralisés finances (DeFi) repose en grande partie sur la mise en œuvre de Time Weighted Average Market Maker (TWAMM). Cette innovation a révolutionné l'espace DeFi, grâce aux nombreux avantages qu'elle offre. Cependant, comme toute technologie, elle présente également des limitations.

L'un des avantages indiscutables de TWAMM est son efficacité dans la réduction du slippage des gros ordres. Le slippage, défini comme la différence entre le prix attendu d'une transaction et le prix auquel la transaction est effectivement exécutée, est un écueil majeur dans les transactions cryptographiques. Un TWAMM, grâce à son modèle permettant d'étaler les ordres de grande quantité sur une période prolongée, atténue cette problématique. De plus, les grands ordres de vente ne déstabilisent pas le marché autant que dans un marché traditionnel, contribuant ainsi à une plus grande stabilité du marché.

En outre, TWAMM facilite le processus de trading pour les participants en éliminant le besoin de prédire le marché. Cet avantage est attribué à son mécanisme de détermination du prix qui repose sur une moyenne pondérée dans le temps, plutôt que de se baser sur l'offre et la demande immédiate. Cela créé un environnement commercial calme, offrant une expérience conviviale pour les traders novices comme expérimentés.

Il est également notable que TWAMM offre une

plus grande transparence puisque toutes les transactions sont enregistrées sur la blockchain, fournissant une trace immuable pour une vérification ultérieure. La manipulation du marché est également minimisée, grâce à son code source ouvert et à la nature décentralisée de la blockchain.

Cependant, malgré ces avantages, TWAMM n'est pas sans limitations. Par exemple, bien que son efficacité ait un impact positif sur la réduction du glissement de gros ordres et sur la stabilisation du marché, elle pourrait potentiellement faciliter la réalisation d'attaques de type 'sandwich'. Ces attaques malveillantes peuvent avoir un impact majeur sur les traders individuels, diminuant leur rentabilité.

De plus, l'utilisation de TWAMM peut être complexe pour certains participants, principalement pour les débutants. Sa complexité réside dans la compréhension des mécanismes sous-jacents et de la façon dont les ordres sont exécutés sur un laps de temps prolongé. Comprendre la signification des poids dans la moyenne pondérée dans le temps, et la manière dont ces poids influencent le prix d'exécution, peut se révéler un défi.

En outre, bien que l'accent mis par le TWAMM sur la transparence soit une force, l'exposition publique de toutes les transactions peut, d'un autre côté, faire craindre une possible atteinte à la confidentialité.

En somme, le TWAMM offre de nombreux avantages qui peuvent transformer la dynamique de l'espace DeFi, tout en présentant cependant certaines limitations qui doivent être prises en compte. La technologie continue d'évoluer et avec elle, nous pouvons nous attendre à des solutions pour ces problèmes. Le potentiel est considérable et avec le temps, le TWAMM pourrait bien devenir un standard pour l'avenir des marchés financiers décentralisés.

# Chapitre 9
# Le Devnet sur la
# Blockchain.

# Introduction au Devnet

Introduction au Devnet

Au fur et à mesure que les mondes réel et virtuel s'entrelacent indéniablement, des technologies comme la blockchain trompent l'horizon, repoussant les limites de ce que nous pensions possible. Une technologie si révolutionnaire qu'elle remodèle l'architecture même d'Internet, créant ce que nous appelons aujourd'hui le Web 3. Une innovation importante dans ce paysage en évolution est le Devnet.

Le Devnet, ou Réseau de développement, est une plateforme dédiée aux développeurs qui leur permet de tester et de déployer des contrats intelligents, ces programmes qui automatisent l'exécution des transactions sur la blockchain. Ces réseaux ressemblent beaucoup à la blockchain réelle, cependant, ils sont séparés de la chaîne principale pour éviter d'affecter le fonctionnement normal en cas d'erreurs ou de systèmes instables.

Un Devnet peut être public, où n'importe qui peut participer, ou privé, destiné à un groupe précis de développeurs ou à un projet particulier. Cela offre un environnement sans risque pour expérimenter, tester et comprendre le fonctionnement interne des contrats intelligents et des applications décentralisées (dApp) avant de les lancer sur le réseau principal, appelé Mainnet dans l'univers de la blockchain.

La distinction entre Devnet et Mainnet peut être comparée à celle d'une plateforme d'essai d'une voiture et d'une route réelle. La plateforme d'essai serait le Devnet, où l'on peut tester les performances du véhicule et détecter les problèmes éventuels sans causer de dommages ou de désagréments aux autres usagers de la route. Une fois que tout a été testé et vérifié, le véhicule peut sortir sur la route réelle, le Mainnet en termes de blockchain.

Les Devnets offrent également aux développeurs la possibilité de se familiariser avec les nombreuses subtilités de la technologie blockchain. Ils peuvent tester les limites de leurs contrats intelligents, anticiper divers scénarios et comprendre comment le code réagit à différents types d'interactions. C'est une aide précieuse pour les développeurs, car cela leur permet de prévoir et de gérer les problèmes avant qu'ils ne surviennent dans le monde réel.

Tout le monde, des novices énergiques aux vétérans aguerris, peut tirer profit de l'utilisation des Devnets, car ils offrent une occasion unique de se familiariser avec le fonctionnement de la blockchain et des dApps. Vous pouvez apprendre par la pratique, ce qui demeure une des meilleures façons d'acquérir de nouvelles compétences et connaissances.

De ce fait, travailler avec les Devnets est rapidement devenu une pratique courante dans l'univers de la blockchain. Les applications des Devnets vont de la simple éducation à des applications plus complexes, comme le développement et le déploiement de systèmes financiers avancés. Par ces moyens, les Devnets aident non seulement à propulser les pionniers de la blockchain vers le futur, mais ils offrent également un accès à tous à cette innovation, mettant le pouvoir du Web 3 entre les mains de ceux qui veulent écrire le futur du numérique à leur guise.

## Configuration et Utilisation

La configuration et l'utilisation efficace du Devnet sur la Blockchain sont cruciales pour tirer pleinement parti de ses possibilités. Le processus commence par une compréhension claire des différents éléments qui composent une Blockchain - les noeuds, les transactions, les blocs et les contrats intelligents. Dans ce contexte, le Devnet sert d'environnement de test pour expérimenter et déboguer ces éléments avant de les déployer dans un réseau principal.

La mise en place de Devnet nécessite l'installation de logiciels spécifiques, tels que Geth ou Parity pour Ethereum, qui constituent les clients du réseau. Pour la plupart des amateurs de Blockchain, l'utilisation d'ordinateurs personnels pour héberger ces clients suffit largement, à condition que ces machines disposent de suffisamment d'espace de stockage et de mémoire pour gérer les opérations de la blockchain. L'installation de ces clients est généralement simple et les utilisateurs peuvent trouver des guides détaillés en ligne pour les aider dans cet effort.

Une fois l'infrastructure logicielle installée, le Devnet peut être initialisé. Pour Ethereum, cela se fait en créant un nouveau fichier de configuration de la blockchain et en utilisant une commande spécifique pour démarrer le réseau. Le fichier de configuration contient des informations vitales sur l'Initial Coin Offering (ICO), la difficulté du minage et d'autres paramètres de la blockchain. C'est également dans ce fichier que l'utilisateur initialise les contrats intelligents qu'il souhaite tester.

Lorsque le Devnet est en marche, les utilisateurs peuvent commencer à générer des blocs et à envoyer des transactions afin de tester l'efficacité et la sécurité de leur système. Il est important de rappeler que le Devnet n'est qu'un environnement de test et que, par conséquent, les Ether ou autres monnaies utilisées ne sont pas réels.

Le processus de minage sur un Devnet est très similaire à celui du réseau principal, bien que généralement, le minage soit automatique sur le Devnet afin de gagner du temps et de faciliter les tests. De plus, les utilisateurs peuvent souvent "tricher" en modifiant la difficulté du minage pour rendre le processus plus rapide sans compromettre la fiabilité des résultats.

L'une des principales raisons pour lesquelles les développeurs utilisent le Devnet est la capacité de tester des contrats intelligents. Cela peut être accompli en écrivant un contrat intelligent, en le compilant avec un outil spécialisé comme Solc pour Ethereum et en l'envoyant à la blockchain à l'aide d'une transaction. Une fois le contrat intelligent déployé, les utilisateurs peuvent interagir avec lui par le biais de transactions pour observer son comportement et identifier d'éventuels bugs ou failles.

En conclusion, la configuration et l'utilisation du Devnet sur une blockchain est un processus intensif mais nécessaire pour tout amateur ou professionnel de la blockchain. Ce processus fournit un environnement sûr pour expérimenter avec les différents éléments de la blockchain, et permet de préparer les systèmes pour une intégration transparente au réseau principal.

## Comparaison avec Testnet et Mainnet

Dans l'explication complexe de l'écosystème blockchain, trois concepts jouent le rôle principal -

Devnet, Testnet et Mainnet. Comprendre comment chacun d'entre eux fonctionne individuellement, ainsi que leur interaction, est essentiel pour maîtriser la technologie blockchain. Jetons un œil plus approfondi et faisons la comparaison de ces trois éléments essentiels.

Pour débuter notre comparaison, définissons chaque concept. Le Devnet, ou Development network, est essentiellement une sandbox de développement. C'est un environnement isolé où les développeurs peuvent tester de nouveaux codes, de nouvelles fonctionnalités et des améliorations avant de les déployer sur le Testnet ou le Mainnet. Il s'agit fondamentalement d'une plate-forme d'expérimentation, souvent privée, pour les développeurs pour tester leurs idées avant de les exposer au grand public.

Ensuite, nous avons le Testnet (Network Test). Il fonctionne comme un simulacre de la version en direct du Mainnet. C'est, en quelque sorte, un environnement d'essai public - un espace où les développeurs peuvent tester leurs codes en conditions réelles sans risquer de compromettre le Mainnet. Le Testnet est crucial pour la phase de qualité et le testing de logiciels, où les erreurs sont souvent nombreuses et coûteuses lorsque commises dans le Mainnet.

Le troisième maillon de cette chaîne est le Mainnet (ou Main Network). C'est le vaisseau amiral, le réseau en direct où fonctionnent les transactions réelles et où le jeton cryptographique a une valeur réelle. C'est ici que le code, après avoir été testé minutieusement dans le Devnet et le Testnet, est finalement déployé.

Maintenant, comment ces trois se comparent-ils ? Le Devnet est comme le terrain d'entraînement : il permet aux développeurs de jouer en toute sécurité avec de nouvelles idées sans perturber l'écosystème de la blockchain. En contraste, le Testnet est le match de pré-saison, où les nouvelles fonctionnalités sont mises à l'épreuve dans des conditions réalistes sans les conséquences financières liées à la blockchain Mainnet. Finalement, le Mainnet est la ligue principale. C'est là que tout prend une signification réelle et où une erreur peut coûter cher.

Une autre façon de les comparer est par les

utilisateurs et la valeur. Les activités sur Devnet
sont généralement restreintes aux développeurs,
tandis que Testnet est plus ouvert, permettant aux
utilisateurs plus larges de participer. Enfin, Mainnet,
ayant la plus grande implication pour les utilisateurs
finaux en raison de ses conséquences financières
et économiques, possède la plus grande portée
d'engagement.

Donc, pour conclure, le Devnet, le Testnet et le
Mainnet sont trois parties intégrantes de
l'écosystème blockchain. Ils ont tous trois des
fonctions différentes mais essentielles et servent
chacun à leur manière à assurer le développement,
le test et la mise en œuvre réussie des projets
blockchain. Ensemble, ils constituent une épine
dorsale sur laquelle repose toute la technologie
blockchain.

# Chapitre 10
# Qu'est-ce qu'un
# Explorateur de
# Blockchain ?.

## Fonctionnalités d'un Explorateur

Un Explorateur de Blockchain doté de fonctions soigneusement conçues est un outil inestimable pour caresser l'esprit curieux de ceux qui cherchent à approfondir leur compréhension du système blockchain.

La première caractéristique majeure d'un explorateur de blockchain est la capacité d'explorer et de détailler toutes les transactions qui se sont produites sur la chaîne. Cela signifie qu'elle peut devenir une sorte de grand livre public numérique, où chaque transaction est enregistrée et facilement accessible. Ce registre public éclaire et démasque les mystères des transactions en montrant qui a reçu quoi et quand. Il permet aux utilisateurs de comprendre comment les transactions sont liées les unes aux autres et comment les actifs numériques sont transférés de manière transparente d'un utilisateur à un autre.

Deuxièmement, l'explorateur de blockchain peut afficher les détails des blocs qui composent la chaîne. Un bloc est un enregistrement de transactions de blockchain, et sa visibilité est cruciale pour le suivi des transactions. En montrant le bloc, l'explorateur offre une vue panoramique de l'ensemble du paysage des transactions en un seul endroit. Il offre une vue détaillée de chaque bloc, y compris le numéro de bloc, l'heure à laquelle il a été extrait ou créé, le nombre de transactions qu'il contient et le hachage qui est unique à chaque bloc.

Un autre attribut essentiel d'un explorateur de blockchain est sa capacité à afficher des informations sur différents types de contrats intelligents. Un contrat intelligent est un programme informatique qui fonctionne sur la blockchain et est utilisé pour automatiser l'échange de biens numériques. Un explorateur peut fournir des détails sur ces contrats, y compris le code source et l'historique des transactions.

De plus, un explorateur de blockchain renforce la transparence en fournissant des informations sur les adresses de portefeuille de blockchain. Il peut indiquer l'équilibre d'une adresse, son historique transactionnel et, le cas échéant, les contrats intelligents y sont liés. C'est un élément révélateur de la santé financière globale du réseau.

L'explorateur de blockchain peut également servir de ressource précieuse pour les informations sur les jetons. En plus des détails de base comme le nom du jeton, l'explorateur peut afficher des informations plus approfondies, telles que le nombre total de jetons en circulation, le nombre de portefeuilles détenant le jeton, et bien plus encore.

Enfin, une fonctionnalité cruciale d'un explorateur de blockchain est la capacité de vérifier les transactions en attente. Ces transactions qui n'ont pas encore été ajoutées à un bloc sont vitales pour comprendre le réseau et son efficacité globale.

Une exploration approfondie de ces fonctionnalités nous mène à la conclusion que l'explorateur de blockchain est non seulement un outil de transparence mais aussi un instrument puissant pour explorer l'univers infini de la blockchain. Il décode les complexités des transactions sur la blockchain et sert de pont entre l'abstraction complexe de la blockchain et l'utilisateur quotidien, facilitant ainsi la compréhension et l'interaction avec la technologie blockchain.

## Explorateurs Populaires

Comme vous vous aventurer dans le merveilleux monde des blockchains, il est essentiel de comprendre l'importance des explorateurs de blockchain. Considérez-les comme les navigateurs terrestres de cette nouvelle réalité numérique. En examinant de plus près les types populaires d'explorateurs de la blockchains, vous obtiendrez une compréhension plus profonde de la façon dont ils fonctionnent, de leur utilité et de leur impact sur notre interaction avec le web 3.

Etherscan, par exemple, est l'un des explorateurs de blockchain les plus populaires et les plus largement utilisés, spécialement conçu pour Ethereum. Il fournit une image claire de l'état actuel de la blockchain Ethereum, permettant aux utilisateurs de rechercher, de confirmer et de valider les transactions qui ont eu lieu sur cette blockchain. De plus, Etherscan est connu pour sa facilité d'utilisation, offrant un tableau de bord convivial qui affiche des informations détaillées sur chaque transaction, chaque bloc et chaque contrat intelligent.

Un autre explorateur de blockchain très utilisé est Blockchair. Il prend en charge une multitude de chaînes de blocs, y compris mais non limité à Bitcoin, Ethereum, et même des altcoins moins connus. Sa polyvalence et son interface utilisateur intuitive le rendent populaire parmi un large éventail d'utilisateurs, des novices aux experts en blockchain. Chaque transaction examinée sur Blockchair est méticuleusement détaillée, fournissant une pléthore d'informations utiles.

Reste ensuite Blockchain.com, un explorateur enrichi doté de nombreuses fonctionnalités permettant aux utilisateurs de naviguer et d'analyser efficacement le Bitcoin. Cette plateforme offre un accès transparent à une variété d'outils, tels que les diagrammes de prix et les données pertinentes en temps réel. L'avantage considérable de Blockchain.com réside cependant dans son offre d'un portefeuille numérique sûr et sécurisé, ce qui permet aux utilisateurs de ranger et gérer leurs crypto-monnaies.

Tokenview est un autre nom intemporel au sommet de la liste des explorateurs de blockchain populaires. Il offre une prise en charge multichaîne comparable à celle de Blockchair, mais se distingue par son système d'alerte transversal pour suivre les mouvements de crypto-monnaies spécifiques à travers diverses blockchains. Tokenview est donc un outil précieux pour les traders et les investisseurs qui cherchent à obtenir un aperçu précis et à jour de l'activité de leurs actifs numériques.

Enfin, la discussion sur les explorateurs de blockchain populaires ne serait pas complète sans mentionner Blockexplorer.com, dédié à Bitcoin. Son interface épurée et sa présentation claire des informations rendent la navigation dans les complexités de la blockchain Bitcoin étonnamment simple. Les utilisateurs peuvent facilement obtenir des détails essentiels sur les transactions, les blocs et les adresses, ce qui fait de Blockexplorer.com un favori parmi ceux qui préfèrent une approche directe et sans fioritures.

Alors que le paysage des explorateurs de blockchain continue d'évoluer, ces plateformes restent à la pointe de l'innovation et de la convivialité. Que vous soyez un utilisateur curieux prêt à explorer le territoire de la blockchain, ou un expert désireux de suivre de près les activités de vos actifs numériques, ces explorateurs sont des outils précieux pour naviguer dans le paysage complexe, mais fascinant du web 3.

## Utilisation Avancée

L'utilisation avancée d'un explorateur de blockchain ne se limite pas à la simple visualisation des transactions ou des blocs de données. La maîtrise de cet outil repousse les frontières de l'habituelle notion de transparence vers des niveaux sans précédent en termes de verifiabilité et d'auditabilité. Pour comprendre son potentiel complet, on doit embrasser la complexité sous-jacente de la technologie blockchain et comprendre son fonctionnement intrinsèque.

Un explorateur de blockchain peut servir à examiner la santé globale du réseau. Les utilisateurs avancés peuvent analyser les métriques clés, telles que le nombre de noeuds actifs, la puissance de calcul globale dévouée à la maintenance du réseau et les schémas de distribution des transactions. Ces données sont vitales pour comprendre l'état actuel du réseau et pour prévoir son évolution futur, d'où leur importance cruciale pour les investisseurs et les analystes.

De plus, un explorateur de blockchain permet aux utilisateurs d'évaluer l'activité autour d'une adresse donnée. Ceux qui maîtrisent l'outil peuvent tracer les flux de cryptomonnaies vers ou à partir d'une adresse particulière. De cette manière, ils peuvent identifier les comportements anormaux, détecter les activités frauduleuses ou suspectes et repérer les adresses liées aux opérations illégales. Ce pouvoir immense rend l'explorateur de blockchain inestimable pour ceux qui cherchent à maintenir, ou à rétablir, l'ordre et l'équité dans une économie blockchain.

De plus, les experts en blockchain peuvent utiliser un explorateur pour décoder les données brutes d'une transaction ou d'un bloc de données. Ces informations ne sont pas seulement utiles pour déboguer les transactions, mais aussi pour analyser la façon dont une transaction a été structurée, essentielle pour comprendre comment optimiser les transactions futures pour réduire les frais ou augmenter la vitesse de traitement.

Ensuite, il est possible d'analyser la propagation des transactions et des blocs dans le réseau. En observant comment une transaction se propage à travers le réseau, les utilisateurs avancés peuvent faire des déductions sur la structure du réseau lui-même, sa résilience et sa robustesse face aux attaques ou aux pannes.

Enfin, l'explorateur de blockchain offre également des insights précieux sur l'évolution de la blockchain dans le temps. En suivant l'augmentation de la taille des blocs ou du taux de hachage à travers le temps, les utilisateurs peuvent obtenir un aperçu des tendances et des développements majeurs dans la blockchain. Cela donne aux entrepreneurs, aux développeurs et aux chercheurs des indications précieuses pour déterminer où orienter leurs efforts.

Décidément, l'explorateur de blockchain est un outil incomparable qui offre une fenêtre de visibilité inégalée dans le monde complexe de la blockchain. Il peut être intimidant au départ, mais sa maîtrise change la donne et confère un avantage indéniable à quiconque souhaite naviguer avec succès dans l'écosystème blockchain.

# Chapitre 11

# Proof of

# Assets.

## Comprendre le Proof of Assets

Comprendre le concept de Proof of Assets dans le contexte du Web 3.0, de la blockchain et des smart contracts nécessite d'abord une connaissance de base de ces termes et de comment ils interagissent. Imaginez la blockchain comme un grand livre numérique immuable qui enregistre les transactions de manière transparente et sécurisée et le smart contract comme un contrat numérique programmable qui exécute des actions prédéterminées lorsque certaines conditions sont remplies.

Maintenant, intégrons le concept de Proof of Assets. Il s'agit d'un mécanisme qui prouve l'existence, la possession et le contrôle légal des actifs numériques ou physiques. Fondamentalement, il est basé sur l'idée que chaque actif sur la blockchain a une signature numérique unique qui prouve son authenticité, comme une preuve numérique d'existence. Cela signifie que chaque actif peut être tracé jusqu'à son origine, rendant la contrefaçon ou la double dépense pratiquement impossible.

Le Proof of Assets est essentiel à l'intégrité de la blockchain parce qu'il garantit que toutes les transactions sont basées sur des actifs réels. Sans cette assurance, la blockchain perdrait une grande partie de sa confiance et de son utilité. Par exemple, dans le cas des crypto-monnaies, comme Bitcoin, le Proof of Assets prouve que les coins échangés lors d'une transaction existent réellement et sont bien possédés par la partie vendeuse.

De plus, le Proof of Assets est également important pour les smart contracts. Ces contrats automatisent l'exécution des transactions sur la blockchain, et le Proof of Assets donne aux parties prenantes la confiance nécessaire pour entrer dans ces arrangements numériques. Par exemple, si un smart contract est configuré pour libérer des fonds après la vérification de la possession d'un actif spécifique, le Proof of Assets peut fournir cette vérification.

Mais ce n'est pas tout, le Proof of Assets joue également un rôle dans les attaques Sandwich, une stratégie d'exploitation qui cible les utilisateurs de la blockchain en manipulant le prix d'un actif. L'attaquant, dans ce cas, achète un grand volume d'un certain actif, amenant les autres à acheter cet actif dans l'espoir de profiter de sa hausse de prix. Cependant, les attaquants, maintenant déclarés possesseurs d'une grande quantité d'actif via Proof of Assets, vendent ensuite ces actifs apportant le prix de l'actif à la baisse. Cela permet à l'attaquant de racheter l'actif à un prix plus bas et de réaliser un profit au détriment des autres utilisateurs.

En conclusion, le Proof of Assets est un aspect intégral de la blockchain et des smart contracts. Il instaure la confiance, maintient l'intégrité et permet à la technologie blockchain d'assurer une transparence et une sécurité sans précédent. Cependant, négliger son importance peut ouvrir la voie à des abus comme les attaques Sandwich. Avec une compréhension approfondie de ce concept, les utilisateurs peuvent naviguer en toute sécurité dans le monde du Web 3.0, et éviter de tomber dans des pièges potentiels.

## Application du Proof of Assets

Dans l'ère numérique actuelle, l'application du Proof of Assets (PoA, en Anglais) joue un rôle exceptionnellement crucial. Cette technologie, sous-jacente au WEB 3, à la blockchain et aux contrats intelligents, peut éclaircir les complexes environnements financiers en apportant une mesure de transparence et de vérifiabilité sans précédent.

Dans le contexte des cryptomonnaies et de la blockchain, le PoA a une utilité particulière. La présence de tokens, ou actifs numériques, est intrinsèque à la plupart des blockchains publiques. Les tokens sont essentiels pour fonctionner au sein de ces écosystèmes particuliers. Leurs utilisations sont diverses : paiements, droits de vote, accès à certains services du réseau, récompenses pour certains comportements souhaités, parmi d'autres. Or, pour qu'un écosystème blockchain fonctionne efficacement, il est nécessaire que tous les acteurs du réseau puissent vérifier la propriété et l'existence de ces tokens à tout moment. C'est là qu'intervient le PoA.

Le Proof of Assets valide l'existence d'un actif numérique. En d'autres termes, il confirme que l'actif en question existe réellement et appartient à l'entité qui prétend en être le propriétaire. Il établit une chaîne d'audit numérique, qui peut être utilisée à des fins de conformité réglementaire, de résolution des litiges et de confiance en général dans le système.

En outre, le PoA est d'une importance capitale pour les contrats intelligents. Ces derniers sont des protocoles informatiques qui permettent l'exécution automatique de transactions ou d'accords, sans l'intervention d'un tiers. Cependant, les contrats intelligents sont aussi bons que les données sur lesquelles ils opèrent. Par conséquent, la possibilité de prouver l'existence et la propriété d'un actif est essentielle pour garantir la justesse de l'exécution du contrat.

C'est grâce au PoA que des plateformes décentralisées peuvent exister, offrant ainsi des services financiers sans intermédiaire, dans un environnement numérique transparent et sûr. Le PoA est au cœur de la DeFi, ou finance décentralisée, qui est l'une des applications les plus prometteuses de la blockchain à ce jour.

De la même manière, en matière de sécurité, le PoA joue également un rôle crucial. On sait que les attaques de type 'Sandwich', où une entité malveillante manipule le prix d'un actif en sandwich entre ses propres transactions, sont à la fois sophistiquées et dévastatrices. Mais avec le PoA, où chaque transaction est enregistrée et vérifiable, ces attaques deviennent beaucoup plus difficiles à réaliser, afin que la confiance puisse être maintenue entre les participants du réseau. De plus, le PoA peut également servir de bouclier contre d'autres types d'attaques, notamment ceux qui visent à doubler les dépenses ou à créer de fausses pièces.

En conclusion, le PoA est une innovation majeure qui permet de résoudre de nombreux défis liés à la transparence, la confiance et la sécurité dans le domaine des actifs numériques. Il est une pierre angulaire à la fois pour la blockchain, les contrats intelligents et diverses applications, y compris la DeFi, offrant ainsi une vaste gamme de possibilités pour améliorer et rationaliser les processus financiers traditionnels. Dans le monde digital en perpétuelle évolution, les applications du PoA sont vouées à croître et à revêtir un intérêt toujours plus grand.

## Avantages et Sécurité

L'utilisation de la preuve d'actifs offre de nombreux

avantages dans le monde du WEB 3.0, principalement grâce à sa capacité à sécuriser et à fiabiliser les transactions. Avant de plonger dans les détails de sa sécurité, il est important de comprendre ce qui fait de la preuve d'actifs un outil si pratique et efficace.

Sur le plan technique, la preuve d'actifs peut réduire de manière significative les coûts associés aux opérations traditionnelles. L'instance typique d'une transaction financière nécessite l'implication de plusieurs intermédiaires, allant des banques aux services de conformité, qui prennent tous une part des bénéfices lorsqu'un actif change de main. En utilisant le WEB 3.0, en particulier avec l'application de la preuve d'actifs, nous éliminons une grande partie de ces coûts en facilitant les transactions directement entre les parties concernées. Moins d'intermédiaires signifie des frais moins élevés et des transactions plus rapides.

Sur un plan plus large, la preuve d'actifs peut également renforcer l'intégrité du marché numérique. En établissant une vérité indéniable sur la propriété et la valeur des actifs, elle élimine bon nombre des problèmes traditionnels liés à la fraude et à la manipulation du marché. Il est beaucoup plus difficile de falsifier une preuve d'actifs que de falsifier un acte de propriété traditionnel.

Maintenant, pour la sécurité. L'un des principaux atouts de la preuve d'actifs est qu'elle peut être vérifiée sans révéler l'actif sous-jacent lui-même. Ainsi, bien que vous puissiez prouver sans aucun doute que vous possédez un actif, vous n'avez pas besoin de révéler quel est cet actif, préservant ainsi votre anonymat. De plus, une preuve d'actifs ne peut être créée ou modifiée que par le véritable propriétaire de l'actif, le protégeant ainsi des attaques externes.

Le processus même de la preuve d'actifs repose sur la technologie de la blockchain, qui offre sa propre couche de sécurité. Chaque transaction est gravée dans la blockchain, créant un enregistrement immuable qu'il est presque impossible de modifier ou de supprimer. Cela fait de la blockchain une ligne de défense incroyablement forte contre les attaques potentielles.

Enfin, il convient de mentionner que, bien que de

nombreuses transactions numériques soient exposées à ce qu'on appelle des "attaques sandwich" - où un acteur malveillant manipule le prix d'un actif en achetant et en vendant rapidement, la preuve d'actifs est nativement protégée contre de telles attaques. En raison de l'ordre dans lequel les transactions sont traitées, il est presque impossible d'exécuter une attaque sandwich efficace contre une preuve d'actifs, ce qui ajoute une autre couche de sécurité à ce système déjà robuste.

Ainsi, la preuve d'actifs offre non seulement des avantages en termes de coûts, d'efficacité et d'intégrité du marché, mais elle ajoute également des couches de sécurité inégalées. Cette combinaison en fait un outil précieux pour quiconque souhaite participer au monde en évolution rapide du WEB 3.0 et de la blockchain.

# Chapitre 12
# Qu'est-ce qu'un Bloc
# Orphelin.

## Définition et Formation

Dans le monde omniprésent et fascinant de la technologie blockchain, le terme «bloc orphelin» est souvent sujet de confusion, voire de malentendu. Il est donc essentiel de le définir précisément et d'examiner comment il se forme.

Un bloc orphelin, aussi parfois appelé bloc détaché, est un bloc qui n'est pas inclus dans la chaîne de blocs principale. En termes plus simples, lorsque plusieurs mineurs résolvent simultanément le défi cryptographique d'un bloc, ils génèrent tous un nouveau bloc valide. Cependant, seulement un de ces blocs peut être ajouté à la chaîne. Les autres, tout aussi valides mais abandonnés, sont appelés des blocs orphelins.

Rappelons que la technologie blockchain se fonde sur le principe du consensus. C'est par ce principe de consensus que la blockchain établit la fiabilité et l'authenticité des informations sur la chaîne sans nécessiter une autorité centrale. Concrètement, chaque fois qu'un bloc est créé, il est envoyé à tous les nœuds du réseau qui le vérifient. Si le bloc est considéré comme valide par le réseau, il est ajouté à la chaîne.

C'est alors qu'intervient le processus de formation d'un bloc orphelin. Imaginez que deux mineurs, A et B, résolvent le défi cryptographique en même temps. Ils créent chacun un nouveau bloc, qu'ils envoient à tous les nœuds du réseau. Mais, et c'est là l'essentiel, ces blocs ne peuvent pas être tous deux ajoutés à la chaîne de blocs principale.

Il se peut que certains nœuds du réseau reçoivent le bloc de A en premier, tandis que d'autres reçoivent celui de B. Les nœuds qui ont reçu le bloc de A le vérifient et l'ajoutent à la chaîne de blocs. Pareillement, ceux qui ont reçu le bloc de B l'intègrent également à la chaîne, formant ainsi deux versions concurrentes de la chaîne de blocs.

La situation est résolue lorsque le prochain bloc est miné. Supposons que ce bloc est ajouté à la chaine contenant le bloc de A. Cette version de la blockchain devient alors la plus longue et, conformément au protocole de la blockchain, est adoptée par tous les nœuds du réseau. Le bloc de B, bien que valide, n'est pas inclus dans cette version de la chaîne : il devient un bloc orphelin.

Autrement dit, un bloc orphelin est un bloc valide qui, en raison des particularités du protocole de consensus de la blockchain, n'est pas inclus dans la chaîne de blocs principale. Ces blocs, bien qu'orphelins, jouent un rôle crucial dans la sécurité et l'intégrité de la blockchain. Ils assurent que tous les mineurs travaillent sur la même chaîne et qu'aucun mineur ne peut tricher en créant une chaîne parallèle. Ils représentent aussi une constante rappel que le consensus dans la blockchain n'est pas instantané, mais est constamment négocié et renégocié au sein du réseau. Cette vision dynamique de la consensus, dans laquelle les blocs orphelins ont une part essentielle, est l'un des nombreux aspects qui rendent la technologie blockchain aussi intrigante et audacieuse.

## Implications d'un Bloc Orphelin

Le concept des blocs orphelins est souvent présenté comme une simple anomalie dans le système blockchain, mais les implications de ces blocs sont beaucoup plus profondes. En comprenant ces implications, on peut avoir une meilleure compréhension de la robustesse et de la résilience du système blockchain dans son ensemble.

Pour commencer, il est essentiel de comprendre ce qu'est un bloc orphelin et comment il se produit. Dans le réseau blockchain, différents mineurs travaillent simultanément à la résolution de calculs complexes pour ajouter le prochain bloc à la chaîne. Cependant, il arrive parfois que deux mineurs, ou plus, résolvent le calcul en même temps, entraînant la création de deux blocs distincts qui prétendent tous deux être le prochain dans la chaîne. Lorsque cela se produit, le réseau doit décider lequel de ces blocs sera ajouté à la chaîne, créant ainsi un bloc orphelin.

La conséquence la plus directe d'un bloc orphelin est qu'il y a du travail "perdu" de la part des mineurs. La création d'un bloc nécessite un investissement significatif en termes de ressources, y compris la puissance de calcul et l'électricité. Lorsqu'un bloc devient orphelin, cet effort n'est pas utilisé pour augmenter la longueur de la chaîne principale et est donc apparemment gaspillé. Cependant, ce n'est pas tout à fait exact ; cela fait partie d'un mécanisme d'auto-régulation du système.

D'un autre côté, la présence de blocs orphelins aide à sécuriser le réseau contre les attaques. Le fait qu'un bloc ait une chance de devenir orphelin rend plus coûteux pour un attaquant potentiel de dominer le réseau, car il augmenterait la probabilité de créer des blocs orphelins et donc de gaspiller ses ressources. De plus, dans certains types de blockchain, les blocs orphelins peuvent contribuer à l'activité de minage et ne sont donc pas complètement inutiles.

Malgré ces aspects positifs, il ne faut pas oublier que le nombre de blocs orphelins a un impact direct sur la vitesse à laquelle les transactions sont confirmées. Plus il y a de blocs orphelins, plus le temps nécessaire pour obtenir une confirmation fiable d'une transaction est long. En outre, la présence de blocs orphelins peut également avoir un impact sur l'équité de la récompense des mineurs, dans la mesure où certains mineurs peuvent être plus susceptibles que d'autres de créer des blocs orphelins en fonction de leur situation géographique ou de la taille de leur pool de minage.

En résumé, bien que les blocs orphelins puissent sembler, à première vue, être une préoccupation mineure dans le fonctionnement du réseau blockchain, ils ont en réalité de nombreuses implications importantes. Ils sont à la fois un symptôme et une fonctionnalité du système distribué, et contribuent à sa robustesse globale et à sa capacité à résister aux attaques. Mieux comprendre ces implications est essentiel pour quiconque cherche à appréhender le fonctionnement intime de la technologie blockchain.

## Gestion des Blocs Orphelins

Dans l'univers complexe et passionnant de la blockchain, les blocs orphelins jouent un rôle déterminant, malgré une compréhension insuffisamment large du grand public. Le concept des blocs orphelins reste mystérieux pour beaucoup, mais il est au cœur de la technologie blockchain et de son fonctionnement.

Un bloc orphelin est essentiellement un bloc valide qui n'est pas inclus dans la chaîne de blocs principale. Cette situation peut survenir lorsqu'un nouvel ajout doit être fait à la blockchain. Dans un scénario idéal, le mineur qui résout le problème de vérification créera un nouveau bloc qui sera rajouté à la chaîne de blocs. Cependant, dans le cas où deux mineurs résolvent le problème presque simultanément, un bloc orphelin peut se former.

Le réseau blockchain a une manière particulière de gérer ces blocs orphelins. Au lieu de discréditer l'un des blocs, tous deux sont temporairement acceptés dans la chaîne. Cependant, un principe de majorité s'applique ici qui conduit à leur traitement différentiel. Le bloc qui obtient le plus grand nombre d'approbations par la suite devient une partie permanente de la chaîne, tandis que l'autre, avec moins de soutien, est finalement abandonné et devient un bloc orphelin.

La gestion des blocs orphelins est un test de sécurité et de résilience pour la blockchain. Le rejet d'un bloc orphelin n'est pas une tâche arbitraire ou injuste, mais une conséquence directe des principes de décentralisation et de démocratie sur lesquels repose le fonctionnement de la blockchain. Le rejet assure que le registre reste cohérent et qu'il n'y a pas de doublon ou de contradictions dans la chaîne.

Néanmoins, il est crucial de noter que bien que les blocs orphelins soient écartés, ils ne sont pas gaspillés. Les réseaux blockchain récompensent les mineurs qui créent ces blocs dans un geste qui reflète le caractère décentralisé et équitable de cette technologie. On leur offre une certaine quantité de crypto-monnaie, bien que cette récompense soit plus petite que celle qu'ils auraient obtenue si leur bloc avait été intégré à la chaîne principale.

Une dernière chose à propos des blocs orphelins est qu'ils ne sont pas des anomalies erronées ou des erreurs du système. En réalité, ils sont une partie intégrante du réseau blockchain et une preuve de sa robustesse. Si un seul bloc orphelin peut provoquer un effet domino sur d'autres blocs et entraîner des erreurs dans le réseau, il est essentiel de le gérer et de s'assurer qu'il n'influence pas le réseau d'une manière négative.

Ainsi, la gestion des blocs orphelins est un processus vital pour maintenir l'efficacité et l'intégrité de la blockchain. C'est un exercice d'équilibre entre le respect des principes de consensus et le maintien de l'intégrité des données sur le réseau. La gestion des blocs orphelins est un jalon important sur la voie de la maximisation de l'efficacité de la blockchain et de la réalisation de son potentiel évolutif.

# Chapitre 13
# Qu'est-ce qu'un
# Mainnet sur la
# Blockchain.

## Définition du Mainnet

Le Mainnet, ou réseau principal en français, est un terme fréquemment utilisé dans l'écosystème blockchain. Il définit le réseau principal où les transactions de cryptomonnaies sont effectivement exécutées et enregistrées sur la blockchain. Pour mieux comprendre cela, on peut envisager le mainnet comme l'autoroute principale d'une ville où toutes les transactions financières se déplacent, symbolisant la réalité tangible de l'économie numérique.

Il est crucial de souligner que la conception et le développement du mainnet sont au cœur de chaque projet blockchain. C'est là que toutes les promesses et les concepts proposés par une blockchain sont mis à l'épreuve. Lors de sa création, les développeurs conçoivent un réseau secondaire parallèle appelé testnet, qui comme son nom l'indique, est conçu pour tester. De la même manière qu'un prototype de voiture est d'abord testé dans un environnement contrôlé avant d'être mis sur le marché de masse, le testnet est un environnement de test sans danger pour le mainnet. Une fois que le testnet a prouvé son efficacité et sa stabilité, le mainnet est lancé.

Ainsi, le mainnet est en quelque sorte l'aboutissement de tout le travail d'un projet blockchain. Il est la concrétisation de toutes les idées, recherches, développements et tests qui ont été investis dans le projet. C'est pourquoi le lancement du mainnet est souvent considéré comme une étape déterminante dans la vie d'un projet blockchain. C'est le moment où le projet cesse d'être une idée ou une vision abstraite, et devient une réalité concrète et fonctionnelle.

Toutefois, bien que le lancement du mainnet soit une étape cruciale, il ne marque pas la fin du projet. Au contraire, c'est souvent le début d'une phase d'ajustements, d'améliorations et d'expansions continus. Comme tout produit ou service dans le monde réel, le mainnet doit faire face à des défis imprévus et évoluer constamment pour répondre aux besoins changeants de ses utilisateurs.

En ce qui concerne l'interaction avec le mainnet, pour les utilisateurs ordinaires de cryptomonnaies, cela se fait de manière transparente par le biais des portefeuilles numériques et des plateformes d'échanges. De même, pour les développeurs d'applications décentralisées (Dapps), le mainnet est l'infrastructure sur laquelle leurs applications sont construites et fonctionnent.

En somme, le mainnet est l'épine dorsale d'un projet blockchain. C'est la vitesse à laquelle il traite les transactions, la sécurité qu'il offre contre les attaques, et l'équilibre qu'il maintient entre décentralisation et performance, qui définissent en grande partie sa valeur et son attrait pour les utilisateurs ou les investisseurs. Comme l'économie numérique continue de croître et de se complexifier, le rôle du mainnet en tant que gardien et facilitateur de ce monde nouveau et en évolution rapide ne fera que gagner en importance.

## Lancement et Opérations

L'ouvrage "Techniques secrètes du WEB 3, Blockchain, Smart Contracts, Attaques Sandwich" nous emmène de la compréhension de base des réseaux blockchain jusqu'à des aspects plus techniques et complexes. Parmi ces sujets complexes, le lancement et les opérations d'un Mainnet sur la Blockchain occupent une place cruciale.

Lorsqu'on parle de l'implémentation des réseaux blockchain, on distingue généralement deux types de réseaux : les "Testnets" et les "Mainnets". Les Testnets, comme leur nom l'indique, servent à tester de nouvelles fonctionnalités sans risque de perte réelle en cas d'erreur ou de bug. Les Mainnets, en revanche, sont les réseaux fonctionnels et en production. Quand un Mainnet est lancé, cela signifie que la blockchain est complètement opérationnelle et prête à traiter de réelles transactions.

Cependant, le lancement d'un Mainnet n'est pas une tâche aisée. Il exige un travail de préparation rigoureux et minutieux. Avant le déploiement d'un Mainnet, une phase d'évaluation rigoureuse est nécessaire. La blockchain est soumise à des tests rigoureux pour garantir sa robustesse et sa sécurité. On opère alors une série de tests sous charges et une batterie de simulations pour un grand nombre de scénarios qui pourraient survenir et causer une défaillance ou une vulnérabilité du réseau.

Une fois les tests finalisés avec succès, les

développeurs procèdent au lancement du Mainnet. Il est souvent procédé à ce qu'on appelle un "minage du bloc de genèse", qui est le tout premier bloc de la chaîne, contenant les premières transactions du réseau. Ce bloc est symbolique et marque la naissance officielle du réseau.

Les opérations d'un réseau Mainnet sont vastes. Le Mainnet, conçu pour traiter des transactions réelles, doit maintenir une sécurité robuste, une grande capacité de traitement et doit garantir la décentralisation. Les transactions, une fois validées, sont irrévocables et inscrites à jamais dans la blockchain. Le système doit donc traiter sans faille un volume considérable de transactions, garantir leur authenticité et leur sécurité.

Les développeurs, après le lancement, continuent à surveiller le réseau, appliquent des mises à jour de sécurité et résolvent les problèmes qui pourraient survenir. Le cycle de vie d'un Mainnet ne se termine pas avec son lancement, mais continue avec des mises à jour régulières pour améliorer les performances et garantir la sécurité des utilisateurs.

Néanmoins, il faut aussi prendre en compte que le

fonctionnement du réseau Mainnet n'est pas seulement l'obligation des développeurs, mais aussi de la communauté d'utilisateurs qui minent, valident et créent des blocs. C'est le cœur même de la blockchain : un protocole décentralisé, autonome, contrôlé collectivement, qui évolue au gré des interactions de sa communauté d'utilisateurs.

En somme, le lancement et les opérations d'un Mainnet sur une blockchain sont des étapes majeures dans la vie de cette dernière. Ils nécessitent une attention, une préparation et une expertise approfondies pour garantir la sécurité et la fiabilité du réseau. Dans le cadre des blockchains décentralisées, la communauté joue un rôle non négligeable pour assurer le succès et la pérennité de ces réseaux.

## Distinctions entre Mainnet et Testnet

Dans l'univers de la blockchain, deux types de réseaux principaux dominent: le Mainnet et Testnet. Si la différence peut sembler mince à une première observation, c'est plutôt un gouffre qui les sépare car ils assurent des fonctions cardinalement différentes.

Le Mainnet est le réseau principal. Il représente l'environnement de production où les transactions des crypto-monnaies sont effectivement traitées et ajoutées à la blockchain. Quand on parle de transactions réelles sur la blockchain, elles se déroulent sur le Mainnet. Concrètement, si un utilisateur fait un transfert de bitcoins à un autre, la transaction sera traitée sur Mainnet. Les pièces sont réelles, ont une valeur marchande et peuvent être converties en d'autres formes de devises. Chaque activité validée sur le Mainnet est annexe à une dépense financière. C'est sur cette base que le Mainnet est également qualifié de plus sûr car il est généralement bien protégé contre les attaques et peut gérer un grand volume de transactions.

De l'autre côté, on a Testnet. Comme son nom l'indique, il s'agit d'un réseau de test. Il s'agit de la réplique exacte du Mainnet en termes de conditions de fonctionnement mais les pièces utilisées sur le Testnet n'ont aucune valeur réelle. Les développeurs utilisent le Testnet pour tester de nouvelles fonctionnalités, effectuer des débogages et exécuter des mises à jours avant de les déployer en production, c'est-à-dire sur le Mainnet. C'est un environnement d'essai qui permet aux développeurs d'expérimenter sans avoir à se soucier des conséquences négatives en cas d'erreurs. L'utilisation du Testnet permet d'éviter d'éventuelles erreurs coûteuses qui pourraient se produire sur le Mainnet.

La distinction fondamentale entre ces deux réseaux est donc leur finalité. Le Mainnet est conçu pour traiter les transactions réelles, c'est le réseau opérationnel de la blockchain. Par contre, le Testnet propose une plateforme d'erreur tolérante pour le développement et l'expérimentation. Les deux fonctionnent main dans la main et sont essentiels au bon fonctionnement de la blockchain. Les nouvelles fonctionnalités sont d'abord introduites et testées sur le Testnet avant d'être déployées sur le Mainnet. Le Testnet sert donc de champ d'essai pour améliorer le Mainnet.

En fin de compte, la différence entre Mainnet et Testnet est avant tout une différence de risque et de responsabilité. Le Mainnet est le terreau de réalité où les transactions ont un impact économique réel. Le Testnet, en revanche, est un lieu sûr où les erreurs sont sans conséquence durable. L'un permet à la blockchain de fonctionner et de croître, l'autre permet aux développeurs de tester et d'innover en toute sécurité. Ensemble, ils forment le système nerveux du monde fascinant de la blockchain.

# Chapitre 14
# L'Assurance
# Décentralisée.

# Principes de l'Assurance Décentralisée

L'assurance décentralisée est une innovation qui résulte de l'évolution rapide des technologies de la blockchain et du WEB 3. Elle ouvre la voie à une nouvelle perspective dans le monde de l'assurance, faisant valoir les avantages de l'interaction décentralisée sans l'intermédiaire d'une societé d'assurance traditionnelle.

L'assurance décentralisée, tout comme le système classique, repose sur le principe du partage des risques. Cependant, elle ne se limite pas à cela. Elle transforme l'interaction traditionnelle de l'assureur et de l'assuré en une interaction de pair à pair. Les utilisateurs s'assurent mutuellement contre divers risques en se basant sur la confiance mutuelle, la transparence des interactions et la fiabilité du système.

La technologie blockchain, un concept essentiel de cette forme d'assurance, est utilisée pour faciliter et documenter ces interactions. Cette technologie permet un suivi transparent des transactions, garantit l'intégrité des données et empêche toute manipulation. De cette manière, les utilisateurs peuvent avoir une confiance totale dans le système.

Dans un système d'assurance centralisé, les assurés sont souvent soumis aux conditions imposées par l'assureur. En revanche, dans le système d'assurance décentralisé, les conditions d'assurance, telles que les primes, les remboursements et les règles, sont déterminées par les utilisateurs eux-mêmes. Cela donne aux utilisateurs plus de contrôle et de liberté, tout en éliminant les risques inhérents à un seul point de défaillance.

Les contrats intelligents jouent aussi un rôle clé, facilitant l'exécution automatique des accords sans la nécessité d'une tierce partie de confiance. Ces contrats codifient les règles et conditions d'un accord d'assurance, et une fois qu'une condition préétablie est remplie, le contrat s'exécute automatiquement, effectuant le paiement promis. Cela minimise le risque de retard ou de non-paiement.

Une autre caractéristique de l'assurance décentralisée est sa résilience aux attaques.

L'utilisation de la technologie blockchain rend difficile, sinon impossible, les tentatives de manipulation des données ou les attaques sandwich. Une attaque sandwich se produit lorsque quelqu'un manipule le prix du marché pour tirer profit d'un ordre en attente sur une plateforme de trading. Cependant, dans la blockchain, chaque transaction est vérifiée par plusieurs nœuds, ce qui rend ces attaques très difficiles.

En conclusion, l'assurance décentralisée est une révolution dans le secteur de l'assurance. Elle donne aux utilisateurs le contrôle de leurs polices, réduit les coûts, accroît la transparence et promet une efficacité sans précédent. C'est un modèle qui peut potentiellement changer notre façon de gérer les risques. Cependant, tout comme toute technologie émergente, elle doit surmonter plusieurs défis, notamment réglementaires et de sécurité, avant de devenir une option populaire pour la couverture des risques.

## Modèles et Plateformes

La révolution du WEB 3.0 a ouvert de nouvelles perspectives en terme de sécurité et de transparence grâce à la technologie blockchain et les contrats intelligents. Le domaine de l'assurance n'est pas en reste et se trouve aujourd'hui confronté à un changement de paradigme avec la naissance de l'assurance décentralisée ou DeFi (Decentralized Finance). L'intérêt grandissant pour la DeFi et l'assurance décentralisée s'explique par des modèles innovants et des plateformes qui les mettent en application.

L'un des modèles clés en assurance décentralisée est celui basé sur les smart contracts et les tokens. Dans ce système, les contrats d'assurance sont gérés et vérifiés automatiquement par les smart contracts qui permettent de garantir que lorsque les conditions d'un contrat sont remplies, l'assuré est automatiquement dédommagé. Le risque est mutualisé et réparti parmi les détenteurs de tokens, ce qui garantie à toutes les parties une répartition équitable des bénéfices et des risques.

Cela pourrait paraître idyllique, mais c'est néanmoins un modèle qui n'est pas exempt de défis. Notamment le risque de vol ou de perte dû aux cyber-attaques et à la volatilité des cryptomonnaies. Cependant, l'assurance décentralisée a un potentiel intrinsèque pour s'imposer comme une solution plus fiable, plus transparente et potentiellement moins coûteuse que les modèles d'assurances traditionnels.

Plusieurs plateformes ont déjà adopté et mis en œuvre ce modèle, parmi elles, on compte Nexus Mutual et Etherisc. Nexus Mutual, par exemple, propose une assurance contre les failles techniques dans les systèmes de smart contracts. Elle a réussi à créer un réseau solide et fiable de participants qui s'assurent mutuellement contre ce genre de risques.

Etherisc, de son côté, a choisi de s'attaquer à un segment d'assurance très spécifique: l'assurance voyage. En utilisant la blockchain et les contrats intelligents, Etherisc permet à ses utilisateurs de souscrire à une police d'assurance voyage qui est automatiquement déclenchée en cas de retard ou d'annulation d'un vol.

L'assurance décentralisée reste une industrie naissante avec beaucoup de potentiel, mais aussi beaucoup de défis à relever. Les plateformes citées ne sont que quelques exemples des nombreuses initiatives qui existent déjà dans ce domaine. Le fait que ces plateformes existent, prouve que la DeFi et l'assurance décentralisée sont bien plus que des buzzwords et ont le potentiel de transformer radicalement l'industrie de l'assurance telle que nous la connaissons aujourd'hui.

En conclusion, l'assurance décentralisée, ses modèles et les plateformes qui la mettent en application, représentent une révolution importante pour le domaine de l'assurance. Un changement de paradigme qui promet plus de transparence et de fiabilité pour les assurés, tout en offrant des perspectives de croissance et d'innovation incroyables pour le secteur. Seuls les plus audacieux, capables de saisir ces opportunités et de relever ces défis, feront partie du nouvel âge de l'assurance.

## Avantages et Défis

L'assurance décentralisée, une idée née de l'innovation de la blockchain, présente plusieurs avantages alléchants pour les acteurs de l'industrie de l'assurance. Au cœur de ces avantages se trouve l'autonomie décentralisée. En éliminant le besoin d'un intermédiaire central, comme une compagnie d'assurance traditionnelle, on réduit considérablement les coûts et la bureaucratie. Ce modèle facilite une plus grande transparence, car les règles de chaque contrat d'assurance sont codées dans des contrats intelligents, disponibles à tous les membres du réseau.

Par ailleurs, l'assurance décentralisée offre une flexibilité sans précédent en matière de couverture, permettant d'assurer à peu près tout, des objets personnels aux risques spécifiques liés à l'entrepreneuriat. L'automatisation rend le traitement des demandes de dédommagement rapide et efficace, ce qui minimise les conflits potentiels et l'insatisfaction de la clientèle.

Malgré ces avantages, l'assurance décentralisée se heurte à passé mal de défis. Premièrement, l'adoption massive par le grand public est certainement un obstacle majeur, dû en grande partie à la complexité perçue de la blockchain et des contrats intelligents pour les non-initiés. Ces deux éléments sont l'épine dorsale de l'assurance décentralisée, ce qui signifie qu'ils doivent être bien compris pour que le concept soit largement accepté.

Deuxièmement, la question de la sécurité demeure un sujet de préoccupation. Bien que les contrats intelligents soient réputés pour leur sécurité inégalée, du fait qu'il est presque impossible de les altérer une fois qu'ils sont mis en service, cela ne signifie pas qu'ils sont à l'abri d'attaques. Les pirates chercheront toujours à exploiter les failles potentielles dans le code, posant ainsi de sérieuses questions sur la protection des informations sensibles des utilisateurs.

De plus, le caractère incontrôlable de la technologie blockchain pose des défis réglementaires. Chaque pays ayant ses propres règles concernant l'assurance, il peut être difficile de développer une assurance décentralisée qui soit à la fois conforme à la règlementation et universellement applicable. Des ajustements et compromis devront être faits, sans doute au niveau international, pour que ce modèle d'assurance puisse fleurir.

Enfin, le dernier défi concerne le soutien et la fiabilité du système. En tant que technologie relativement nouvelle, la blockchain et les contrats intelligents sont encore en proie à des bogues et des erreurs inexpliqués. Si l'on ajoute à cela l'absence d'un service client traditionnel, lequel est généralement remplacé par une communauté d'utilisateurs en ligne, on comprend que convaincre les consommateurs de la fiabilité et du soutien de l'assurance décentralisée peut s'avérer difficile.

En somme, l'assurance décentralisée est à la fois une nouvelle frontière passionnante et un défi ardu pour l'industrie de l'assurance. Son avenir dépendra de la manière dont les acteurs du marché relèvent ces défis, mais les avantages qu'elle présente rendent l'effort tentant.

# Chapitre 15
# Comprendre les Pools
# de Liquidité dans la
# DeFi.

## Introduction aux Pools de Liquidité

Introduction aux Pools de Liquidité

L'éventail des opportunités offert par la Blockchain étonne toujours par son ampleur, particulièrement dans le domaine des finances décentralisées, ou DeFi. En effet, l'un des innovations les plus marquantes de cette révolution financière digitale est l'émergence des pools de liquidité. Mais, que sont-ils réellement ?

Un pool de liquidité est une collection commune de fonds accumulés par plusieurs participants sur une plateforme de DeFi. Ces fonds, généralement dans une paire de cryptomonnaies, sont enfermés dans un contrat intelligent, appelé "smart contract", afin de faciliter les transactions inter-cryptomonnaies sans l'intervention d'un intermédiaire. En contrepartie, ceux qui fournissent ces fonds, les fournisseurs de liquidité, reçoivent des frais de transaction ainsi que des tokens de l'application DeFi sur laquelle ils mettent leurs fonds à disposition.

La demande pour la liquidité dans l'industrie de la

DeFi a entraîné la création de ces pools de liquidité. Ces derniers résolvent en effet un problème majeur dans l'industrie des cryptomonnaies, à savoir le manque de liquidité. Autrement dit, il est parfois difficile d'exécuter une transaction de cryptomonnaie si l'offre ou la demande est trop faible. Les pools de liquidité, comme leur nom l'indique, ont pour but de résoudre ce problème en fournissant la liquidité nécessaire pour le bon fonctionnement du marché.

Le concept d'un pool de liquidité peut sembler quelque peu complexe à l'abord, mais est fondamentalement assez simple. Il s'agit simplement d'un pot commun de tokens dans lequel les traders peuvent acheter ou vendre contre. En pratique, cela évite que chaque trader ait besoin de trouver un contrepartie qui veut exactement l'opposé de son propre échange.

En outre, étant donné que le pool est alimenté par de nombreux fournisseurs de liquidité, il y a toujours une offre et une demande dans le système. C'est ce qu'on appelle la résilience de la liquidité. Les pools de liquidité génèrent donc un équilibre dans le système et permettent des transactions sans interruption.

En contrepartie de leur contribution à la liquidité du pool, les fournisseurs de liquidité reçoivent des frais de transaction. Ces frais sont généralement une petite partie de la valeur des transactions effectuées. En d'autres termes, les fournisseurs de liquidité sont récompensés pour avoir prêté leur argent.

En conclusion, les pools de liquidité représentent un tournant majeur dans le secteur des cryptomonnaies et des finances décentralisées. Ils ont brisé les barrières conventionnelles des transactions financières, en permettant des échanges sans intermédiaire et en résolvant le manque de liquidité qui a longtemps caractérisé le secteur des cryptomonnaies.

## Fonctionnement des Pools

Les pools de liquidité constituent une pierre angulaire des technologies DeFi (Finance Décentralisée). Fondamentalement, ce sont des réserves de fonds qui alimentent les activités sur les marchés décentralisés et fournissent la liquidité nécessaire pour les transactions de cryptomonnaies. Mais comment ces pools fonctionnent-ils ? Voici une tentative d'explication.

Un pool de liquidité est né lorsqu'un fournisseur de liquidité fait un dépôt de deux actifs dans un ratio spécifique dans un contrat intelligent. Par exemple, une personne pourrait déposer un même montant en USD stablecoin et en Ethereum dans un contrat intelligent, créant ainsi un pool de liquidité pour ces deux actifs. Cela signifie que maintenant, les utilisateurs peuvent échanger ces actifs l'un contre l'autre sur le marché. Le but d'un pool de liquidité est de faciliter les transactions et de rendre les échanges plus fluides. Au lieu d'attendre une contrepartie pour effectuer une transaction, un utilisateur peut simplement interagir avec le pool de liquidité pour échanger ses actifs.

L'attrait particulier des pools de liquidité réside dans leurs mécanismes d'incitation pour résoudre le problème du "poule et œuf". Là où il était autrefois difficile d'attirer à la fois les prêteurs et les emprunteurs en même temps, ces pools attirent les fournisseurs de liquidités avec des récompenses. Les fournisseurs de liquidité gagnent des revenus de deux manières principales : les frais de transaction et la distribution de tokens de gouvernance. Chaque fois qu'un utilisateur effectue une transaction en utilisant un pool de liquidité, un petit pourcentage de cette transaction est prélevé sous forme de frais et redistribué aux fournisseurs de liquidité.

Un autre avantage des pools de liquidité est leur résilience face à la volatilité du marché. Même lors d'importantes fluctuations des marchés, les pools ont tendance à rester stables, car ils s'auto-équilibrent. Lorsque le prix d'un actif augmente, les utilisateurs sont incités à vendre cet actif, ce qui entraîne finalement un rééquilibrage du ratio dans le pool. De la même façon, lorsque le prix d'un actif baisse, les utilisateurs sont incités à acheter cet actif, rééquilibrant là aussi le pool.

Néanmoins, il convient de mentionner que la fourniture de liquidités n'est pas sans risques. Le principal risque pour les fournisseurs est ce qu'on appelle le "risque d'impermanent loss". En substance, il s'agit de la perte potentielle qui peut survenir lorsque le ratio des actifs dans un pool change. Si un actif augmente de valeur par rapport à l'autre, un fournisseur de liquidité peut perdre sur l'actif qui a augmenté de valeur. En effet, plus d'unités de cet actif seraient achetées du pool, faisant baisser sa proportion globale dans le pool.

En conclusion, bien que les pools de liquidité aient révolutionné le trading de crypto-monnaies en offrant une plus grande fluidité, ils présentent tout de même certains risques. Comme pour toutes les formes d'investissement, il est important que les fournisseurs de liquidités comprennent bien ces risques avant de s'engager.

## Stratégies de Pool de Liquidité

L'une des caractéristiques vitales du paysage de la finance décentralisée (DeFi) est l'incorporation de l'aspect technique des Pools de Liquidité, vers lesquels de nombreux projets gravitent. Il est crucial de comprendre les différentes stratégies de Pools de Liquidité afin de maximiser le potentiel de ces composantes. Plongeons dans le détail de ces stratégies.

Les Pools de Liquidité, rappelons-le, sont des réserves de fonds divisées en deux utilisées dans l'activité de marché décentralisés, où les traders peuvent acheter ou vendre des actifs. Les Pools sont souvent composés de deux actifs équivalents en valeur, créant ainsi un équilibre. Si la valeur relative d'un actif d'une paire change, les provisions de cet actif augmenteront tandis que l'autre diminuera, dans la tentative de maintenir cet équilibre. C'est ce qu'on appelle une réserve constante au sein de l'écosystème DeFi.

En participant à un Pool de Liquidité, un fournisseur de liquidité peut gagner des frais de transaction provenant des échanges sur le pair d'actifs concerné. Cet aspect peut être une stratégie lucrative, incitant les investisseurs à choisir des pools avec des volumes d'échanges élevés pour maximiser les rendements. Cependant, des volumes élevés peuvent également entraîner une dilution de la liquidité, réduisant ainsi les rendements. Il serait donc prudent de rechercher un équilibre entre le volume et la liquidité d'une paire d'actifs.

Une autre stratégie pour optimiser les rendements dans les Pools de Liquidité peut être de participer à des pools de liquidité faible ou moyenne capitalisation. En effet, ces pools sont généralement moins saturés et peuvent offrir des rendements plus élevés. Cependant, cette stratégie comporte un risque plus élevé que l'investissement dans des pools de grande capitalisation, car les pools à faible capitalisation sont généralement plus volatils et l'investisseur pourrait subir une perte appelée "risque impermanent".

Parfois, des fournisseurs de liquidité choisissent de participer à des initiations de pools. Ces pools, souvent sous-jacents à des projets en développement, offrent généralement des incitations supplémentaires en plus des frais de transaction, comme les tokens du projet, générant ainsi des rendements attractifs. Cependant, ce type d'investissement implique des risques élevés liés au projet lui-même.

Il devient clair que la maximisation des rendements sur les Pools de Liquidité requiert non seulement une connaissance solide des marchés de la DeFi, mais aussi une compréhension précise des différentes stratégies disponibles. Ces stratégies varient en fonction de plusieurs facteurs, y compris la taille du Pool, les volumes d'échange, la stabilité de la paire d'actifs et l'existence d'incitations extérieures.

En considérant ces différents éléments, les fournisseurs de liquidité peuvent développer une stratégie qui correspond à leur profil de risque, tout en maximisant leur potentiel de rendement. Il est à retenir que chaque stratégie présente ses propres avantages et inconvénients, et il n'existe donc pas de « meilleure » stratégie de Pool de Liquidité. Ces stratégies, tout comme le paysage DeFi dans son ensemble, sont en constante évolution et requièrent une attention continue et une éducation régulière pour être pleinement exploitées.

# Chapitre 16
## Qu'est-ce qu'un Whitepaper ou Livre Blanc ?.

## Rôle et Importance d'un Whitepaper

La technologie blockchain, avec ses innombrables applications allant des contrats intelligents aux attaques sandwich, continue de dominer l'écosystème numérique. Au coeur de ce vaste domaine, le Whitepaper ou Livre Blanc assume un rôle central et revêt une importance capitale, devenant le socle de toute initiative blockchain.

Dans le contexte de la technologie blockchain, un Whitepaper est un document informatif complet qui détaille les complexités et les potentialités d'une offre de produits ou de services. Il expose les problèmes existants dans le paysage actuel, dessert une solution innovante pour rectifier ces problèmes, et démontre comment celle-ci est faisable aussi bien d'un point de vue technique que d'un point de vue des affaires. Il va sans dire que le document doit être rédigé de manière experte, avec une rigueur technique et une vision commerciale, si l'on veut gagner la confiance des lecteurs.

L'importance d'un Whitepaper ne doit pas être sous-estimée. C'est le moyen par lequel les créateurs de projets blockchain communiquent leur vision et ajoutent de la crédibilité à leur projet. Il donne aux lecteurs potentiels une compréhension claire du projet, y compris de ses avantages techniques et commerciaux. En d'autres termes, il est la carte de visite d'un projet blockchain.

Pour les investisseurs, un Whitepaper fournit des informations précieuses qui les aident à prendre des décisions éclairées. Il donne un aperçu de la qualité globale du projet et de ses chances de succès. Les détails techniques exposés dans le Whitepaper aident les techniciens à évaluer la viabilité de la technologie proposée, tandis que les informations commerciales contribuent à évaluer le retour sur investissement potentiel.

Les utilisateurs finaux profitent également du Whitepaper, car il leur permet de comprendre les utilisations pratiques des produits et des services offerts. Ceci est particulièrement crucial dans le domaine de la blockchain, où les produits et les applications sont souvent complexes et techniques. Un Whitepaper bien rédigé peut expliquer ces complexités dans un langage simple, ce qui rend le produit plus accessible et attractif pour le marché de masse.

D'une certaine manière, un Whitepaper sert de pont entre les créateurs de projet blockchain et leurs parties prenantes variées. Que vous soyez un investisseur cherchant des informations fiables, un technicien essayant de comprendre les détails techniques ou un utilisateur cherchant à comprendre l'utilité d'un produit, le Whitepaper est votre guide.

En conclusion, le Whitepaper joue un rôle capital dans l'écosystème blockchain. Par sa nature informatrice et transparente, il instaure la confiance, stimule l'investissement et favorise l'adoption de la technologie par le grand public. À ce titre, une grande attention et expertise est requise lors de la rédaction de cet outil essentiel de communication.

## Éléments d'un Whitepaper Efficace

En début de toute entreprise de développement de blockchain, comme une nouvelle crypto-monnaie ou une plate-forme de contrats intelligents, il y a le whitepaper, ou livre blanc. Ce document, généralement structuré comme un article scientifique, explique à la communauté des développeurs, des investisseurs et du grand public comment le projet est censé fonctionner.

Un whitepaper efficace n'est pas seulement un amas de jargon technique. Il s'agit d'une déclaration pédagogique, technique et marketing. C'est pourquoi le style de rédaction et de présentation est essentiel. Le whitepaper doit être suffisamment détaillé pour expliquer les aspects techniques du projet, mais également suffisamment accessible pour le rendre compréhensible par un public non technique.

Commencez par une introduction claire qui explique ce que le projet va faire, pourquoi c'est important et comment il diffère des projets existants. La simplicité est essentielle ici : votre public doit comprendre ce que vous dites, et rapidement, ou il n'ira pas plus loin.

Après l'introduction, il est temps de plonger plus en profondeur dans les détails techniques du projet. Tout au long de cette section, il est important de garder un style de rédaction centré sur le lecteur. C'est-à-dire, au lieu de simplement énumérer des fonctionnalités, expliquez pourquoi ces fonctionnalités sont importantes, comment elles bénéficient à l'utilisateur ou à l'investisseur et comment elles contribuent à l'ensemble du projet.

Un autre élément clé d'un whitepaper efficace est son accent sur l'utilité du projet. Il ne suffit pas de dire que votre idée est nouvelle ou innovante. Vous devez expliquer pourquoi elle est nécessaire et comment elle apportera une valeur ajoutée au champ déjà encombré de la blockchain.

Dans votre argumentation, vous devez également préciser le public cible de votre innovation. Par exemple, votre blockchain est-elle destinée aux entreprises, aux individus, à l'industrie de la santé, à l'éducation, etc. ? Plus vous pourrez cibler votre marché, mieux ce sera.

Une section à ne pas négliger est celle qui aborde les défis et les risques. Persuadez vos lecteurs que vous avez sérieusement pris en compte toutes les menaces possibles et imaginables. Ils doivent comprendre que vous êtes capable de diriger et de réagir aux changements.

Enfin, le dernier élément d'un whitepaper efficace est sa présentation visuelle. Les graphiques, les images et les diagrammes peuvent faire beaucoup pour aider à l'accessibilité du document. Ils peuvent également ajouter une touche de professionnalisme qui peut être l'élément décisif pour attirer des investisseurs.

Pour résumer, la rédaction du whitepaper efficace est un art. Non seulement il faut maîtriser son sujet, mais il faut aussi maîtriser l'art de la pédagogie, du marketing et du design. En respectant ces principes, vous mettez votre projet sur la voie du succès.

## Analyser un Whitepaper

Analyser un Livre Blanc, ou Whitepaper, est une étape fondamentale dans la compréhension de toute technologie, service ou produit dérivé de la cryptographie et du web 3. Les Livres Blancs sont souvent publiés pour présenter les spécificités techniques du projet, ses objectifs, son mode de fonctionnement, et plus encore. C'est un document essentiel pour tous ceux qui recherchent une compréhension profonde d'un projet blockchain, mais aussi pour déceler d'éventuelles incohérences qui pourraient éveiller des soupçons sur la validité et la viabilité du projet.

Lors de l'analyse d'un Livre Blanc, la première chose à faire est de comprendre ce qu'il essaye de communiquer. Il est nécessaire de se familiariser avec le jargon technique et de comprendre les concepts clés du document, sans quoi il peut être difficile de saisir le fonctionnement du projet. Ce processus peut impliquer d'aller au-delà du document lui-même et de faire des recherches sur les technologies ou les idées décrites dans le livre blanc.

Ensuite, on doit s'interroger sur la légitimité du projet. Un Livre Blanc bien rédigé devrait présenter les qualifications et l'expérience des membres de l'équipe du projet, également expliquer comment la technologie sera utilisée pour atteindre les objectifs énoncés. Il convient de passer un certain temps à examiner l'équipe et son historique, car cela peut révéler si elle a la capacité et l'expertise nécessaires pour réaliser ce qu'elle prétend.

Il est également important d'évaluer la réalité et la viabilité des idées contenues dans le Livre Blanc. Un projet peut avoir toutes les caractéristiques d'un plan technologiquement solide, mais cela ne signifie pas nécessairement que le projet sera économiquement viable ou juridiquement réalisable. Il est donc crucial de questionner également le modèle économique, le marché cible et les aspects réglementaires.

En outre, un Livre Blanc doit également être crédible et transparent dans sa présentation des informations. Il doit inclure des détails sur la technologie et les processus, ainsi que des explications sur comment et pourquoi ils fonctionnent. Si le document semble trop vague ou s'il semble délibérément complexe et difficile à comprendre, cela pourrait être un drapeau rouge indiquant que le projet n'est pas aussi solide qu'il le prétend.

Enfin, on doit prendre en compte la vision à long terme du projet. Un Livre Blanc ne doit pas se concentrer uniquement sur le présent, mais aussi décrire en détail la manière dont le projet prévoit de se développer et d'évoluer à l'avenir. Cela permet de déterminer si le projet a le potentiel de survivre et de prospérer au-delà de la période de lancement initiale.

En résumé, l'analyse d'un Livre Blanc ne doit pas être précipitée. C'est un exercice qui demande du temps, des connaissances, de la patience et du scepticisme. En prenant le temps d'étudier le document avec attention, vous aurez une vision plus précise du projet et serez mieux équipé pour faire un choix éclairé.

# Chapitre 17
# Qu'est-ce qu'un Pump
# and Dump en Crypto ?.

## Définition du Pump and Dump

Dans le monde passionnant mais parfois nébuleux de la cryptomonnaie, le termes "Pump and Dump" représente une stratégie que beaucoup considèrent avec une approche cynique. Le Pump and Dump, ou littéralement "gonfler et larguer", est un processus spécifique, considéré éthiquement discutable, utilisé dans le trading de cryptomonnaies, et même parfois dans les marchés traditionnels de la finance.

Dans le contexte des cryptomonnaies, le processus de Pump and Dump est essentiellement une manipulation de marché où une certaine cryptomonnaie est massivement achetée, ou "gonflée", pour en augmenter artificiellement le prix. Ceci est habituellement orchestré par un groupe de traders qui se coordonnent pour acheter au même moment une grande quantité d'une cryptomonnaie particulière. Cette action coordonnée à grande échelle peut provoquer une hausse rapide du prix de la cryptomonnaie, incitant d'autres personnes à acheter dans l'espoir de profiter de la tendance ascendante.

Une fois que le prix a atteint un certain point, les traders qui ont initié le Pump vendent, ou "larguent", leurs actifs, ce qui provoque inévitablement une chute brutale du prix. Les investisseurs qui ont acheté dans la phase ascendante du pump se retrouvent souvent avec des pertes conséquentes. En fait, le but du pump and dump est de créer une spéculation intense autour d'une cryptomonnaie spécifique pour attirer des investisseurs peu méfiants, tout en ayant l'intention de vendre dès que le prix a suffisamment augmenté.

Il est important de mettre en évidence la nature problématique de ce schéma. En effet, le Pump and Dump est considéré comme une forme de manipulation de marché et est illégal dans de nombreux marchés financiers réglementés, comme celui des actions. Dans le monde moins réglementé de la crypto-monnaie, ces schémas peuvent cependant être plus courants, bien qu'ils soient généralement mal vus par la communauté des cryptos, car ils peuvent causer des pertes significatives pour les investisseurs non avertis.

Essentiellement, le Pump and Dump exploite

l'excitation et l'engouement autour des cryptomonnaies, incitant les investisseurs à prendre des décisions précipitées et peu éclairées. Malheureusement, cette stratégie se nourrit souvent de la convoitise et du désir humain d'un profit rapide, même si ce profit est basé sur la manipulation et non sur la valeur réelle d'un actif.

En somme, le Pump and Dump dans le domaine des cryptomonnaies est un phénomène alliant à la fois l'avidité, le désir de gains rapides et la manipulation de marché. C'est un sujet fascinant, mais en même temps discutable, qui souligne certaines des complexités et des enjeux éthiques présents dans le monde en évolution rapide des cryptomonnaies.

## Reconnaître un Pump and Dump

Reconnaître un Pump and Dump en cryptomonnaie nécessite une certaine diligence et une connaissance approfondie du comportement du marché cryptographique. Savoir ce qu'est réellement un Pump and Dump est le premier pas vers la reconnaissance de ce schéma redouté et tentaculaire. À travers ce segment, nous jetterons un éclairage précis sur sa nature.

Un Pump and Dump est une stratégie frauduleuse effectuée par un groupe de personnes influentes et bien organisées dans le but d'augmenter rapidement le prix d'un actif cryptographique en partageant de fausses nouvelles ou des informations trompeuses, puis de le vendre rapidement alors que d'autres commencent à investir. Cette action entraîne une bulle de prix, qui se dégonfle immédiatement après que les organisateurs ont vendu leurs parts, conduisant à une chute brutale du prix et à des pertes massives pour ceux qui ont été dupés pour y investir. Cette pratique a été interdite dans les marchés d'actions traditionnels, mais elle est encore courante dans le monde moins réglementé de la cryptomonnaie.

Reconnaître un Pump and Dump avant qu'il ne se produise n'est pas une tâche facile, mais il y a des indices et des marqueurs spécifiques qui pourraient indiquer qu'un tel événement se prépare. D'abord et avant tout, l'augmentation abrupte et inexplicable du volume de trading d'une pièce cryptographique spécifique est un signe avant-coureur du début d'un Pump and Dump. Souvent, cette intensification du volume de trading est irrégulière et ne correspond pas au comportement de trading régulier de cette pièce en particulier.

L'une des méthodes les plus courantes utilisées par les organisateurs de Pump and Dump pour attirer de nouveaux investisseurs est de faire de fausses déclarations ou de répandre de fausses rumeurs sur les médias sociaux et les plateformes de trading. Ces informations trompeuses sont généralement partagées sous forme de "tips" et de "news" qui soulignent l'énorme potentiel d'une cryptomonnaie particulière et encouragent les autres à investir massivement.

En outre, la caractéristique la plus alarmante d'un Pump and Dump est une montée rapide et presque verticale du prix qui contraste fortement avec le comportement du prix observé auparavant. Cette ascension est souvent suivie d'un pic, puis d'un effondrement tout aussi rapide. Plus le pic est élevé et soudain, plus l'effondrement sera brutal.

Enfin, il est important de noter que ces schémas ne sont pas limités aux nouvelles cryptomonnaies ou aux pièces à faible liquidité. Même les cryptomonnaies bien établies peuvent être ciblées par ces opérations. Cependant, elles sont souvent plus courantes avec les petites capitalisations, où une baisse importante du prix peut survenir après l'éclatement de la bulle.

Reconnaître un Pump and Dump est un processus compliqué et délicat. Cela demande de la prudence, un esprit critique et une compréhension solide des marchés cryptographiques. En outre, il est également impératif d'éviter de se laisser entraîner par la frénésie du marché ou d'agir sur des informations non vérifiées. Par dessus tout, rappelez-vous que si quelque chose semble trop beau pour être vrai, c'est probablement le cas.

## Prévention des Risques

Dans le monde hashé et cryptographique de la blockchain, l'innocence peut être un allié de l'escroquerie. Pareille tromperie est incarnée par la ruse bien connue du "Pump and Dump", que nous décrivons dans la présente section. À l'ère du Web 3, cette prévention des risques prend une ampleur nouvelle et revêt une importance cruciale.

La prévention des risques du "Pump and Dump" nécessite tout d'abord une compréhension de cette pratique. Il s'agit d'une manœuvre boursière frauduleuse où des acteurs de marché gonflent artificiellement le cours d'une crypto-monnaie (le "Pump") avant de la vendre de manière massive, provoquant ainsi un effondrement du cours (le "Dump"). Les victimes sont incitées à participer à la hausse initiale, mais elles restent généralement bloquées lorsque le cours s'effondre.

Une approche de prévention efficace comprend une recherche méticuleuse avant d'investir. Les investisseurs devraient se méfier des coins ou tokens qui connaissent une augmentation soudaine du volume de transactions sans une annonce officielle ou une nouvelle importante. Souvent, ces mouvements ne sont pas soutenus par une activité réelle, ce qui devrait susciter la suspicion.

Il est également crucial de vérifier attentivement l'origine et la fiabilité des informations liées à un investissement potentiel. Des forums de discussion et des canaux de médias sociaux peuvent être utilisés pour propager de faux récits ou des rumeurs visant à faire monter en flèche la valeur d'une crypto-monnaie avant un "Dump". Une information de source inconnue, ou qui semble exagérément prometteuse, devrait toujours être traitée avec scepticisme.

Pour une protection accrue, l'investisseur que vous êtes serait avisé de diversifier ses actifs. L'idée est de ne pas mettre en danger tous vos capitaux dans un même actif. Cela permet de minimiser les pertes potentielles en cas de baisse soudaine de la valeur d'une seule crypto-monnaie ou d'une seule catégorie d'actifs.

Enfin, il est important de noter que, bien que la blockchain et la cryptographie peuvent offrir un certain degré d'anonymat, elles ne sont pas impénétrables. Les autorités peuvent et ont sanctionné les escroqueries de type "Pump and Dump". Associé à la connaissance de ces risques, il est essentiel de comprendre que la meilleure défense est parfois une bonne attaque, proposer une vigilance proactive de votre part.

En conclusion, un socle de principes bien arrimé vous protégera de ces pratiques frauduleuses. Ce sont des outils précieux que vous pouvez utiliser pour naviguer à travers les courants parfois dangereux de l'investissement en crypto-monnaies.

La prévention de ce type de risque nécessite une attitude d'apprentissage constante, de vigilance et, comme toujours, d'engagement à faire des investissements réfléchis et informés.

# Chapitre 18
# L'Investissement
# Programmé en Crypto.

# Bases de l'Investissement Programmé

L'investissement programmé en crypto est une stratégie particulière conçue pour aider les investisseurs à naviguer sur le marché fluctuant des actifs numériques. Pour établir un plan d'investissement programmé efficace, il est essentiel de comprendre quelques concepts de base.

Tout d'abord, l'investissement programmé en crypto implique des transactions régulières, généralement à un intervalle spécifiquement fixé. Au lieu d'essayer d'acheter au moment idéal en essayant de prévoir le marché, les investisseurs prennent plutôt des décisions basées sur un calendrier défini, comme par exemple chaque semaine, chaque mois, ou même chaque jour. Ce type d'approche atténue le poids de la spéculation et aide à contrôler l'impact de la volatilité sur le portefeuille d'investissement.

L'intervalle d'investissement choisi influencera le montant total que vous finirez par investir et peut être adapté en fonction de la tolérance au risque, la capacité financière et les objectifs d'investissement

à long terme. C'est le principe que l'on appelle la «
moyenne des coûts en dollars » (Dollar Cost
Averaging, DCA). En répartissant de manière
constante votre investissement sur une période
plus longue, vous achèterez plus de crypto lorsque
les prix sont bas et moins lorsque les prix sont
élevés.

La mise en œuvre d'un plan d'investissement
programmé nécessite également de la patience et
de la constance. L'investisseur doit résister à la
tentation de devancer le marché, malgré les
fluctuations des taux. Si la valeur d'une crypto-
monnaie baisse, la stratégie d'investissement ne
change pas immédiatement. Au lieu de cela,
l'investisseur continue d'acheter à l'intervalle fixé. À
long terme, la valeur moyenne de l'investissement
pourrait être plus rentable que si on tentait
d'acheter au plus bas et de vendre au plus haut.

En outre, comme tout type d'investissement, la
diversification est cruciale lors de l'investissement
programmé en crypto. Les investisseurs peuvent
répartir leur capital sur une variété de cryptomonnaies pour minimiser le risque. Bien que
Bitcoin et Ethereum soient les plus largement

reconnus, il existe des milliers d'autres crypto-monnaies. En diversifiant, vous ne dépendez pas de la réussite d'une seule crypto-monnaie.

Enfin, il convient de mentionner que, même si l'investissement programmé peut aider à gérer les risques et à réduire les erreurs d'investissement basées sur des décisions émotionnelles, il ne garantit pas un profit. Comme pour tout investissement, il y a un risque de perte d'argent.

L'investissement programmé en crypto-monnaie est une approche intéressante pour naviguer dans le monde complexe et volatil des devises numériques. En adoptant une stratégie régulière et cohérente et en évitant les pièges communs de la spéculation et de l'excès de confiance, les investisseurs peuvent réussir à bâtir un portefeuille solide pour l'avenir.

Comme pour toute stratégie d'investissement, il est important de faire ses propres recherches et de comprendre pleinement toute décision d'investissement avant de s'engager. Alors que certaines personnes ont connu une grande réussite dans l'investissement en crypto-monnaie, d'autres ont essuyé des pertes dévastatrices. C'est pourquoi il est essentiel de rester informé, de rester modeste et de ne pas investir plus que ce que l'on peut se permettre de perdre.

## Outils et Plateformes

Être un investisseur avisé dans le domaine des cryptomonnaies implique l'utilisation d'outils et de plateformes spécifiques et sophistiqués. Il ne suffit pas de posséder un certain nombre de Bitcoins ou d'Ethereum, il faut également comprendre comment optimiser la performance et la sécurité de ces investissements. À cet égard, deux types de systèmes se distinguent : les plateformes d'échange de cryptoactifs et les portefeuilles numériques.

Les plateformes d'échange de cryptomonnaies sont devenues des lieux incontournables pour tout investisseur sérieux. Ces environnements digitaux permettent de convertir des devises traditionnelles en cryptoactifs, d'échanger un type de cryptomonnaie contre un autre et d'effectuer tous types de transactions financières dans un environnement sécurisé. Ces plateformes possèdent généralement une interface de trading qui permet aux utilisateurs d'acheter et de vendre des cryptomonnaies de manière stratégique. Grâce à ces échanges, les investisseurs peuvent tirer parti des fluctuations du marché afin de maximiser leurs profits potentiels.

Pour autant, il est important pour les investisseurs de considérer la sécurité et les performances des plateformes d'échange, ce qui signifie étudier leur capacité à résister aux attaques informatiques ou à éviter l'érosion par les frais de transaction. De plus, il est utile de considérer le degré de liquidité des plateformes d'échange, c'est-à-dire leur capacité à permettre aux utilisateurs de convertir rapidement et facilement leurs cryptoactifs en espèces ou autres actifs.

Pour stocker et gérer les cryptoactifs, les investisseurs utilisent des portefeuilles numériques. Ces portefeuilles peuvent être en ligne ou hors ligne, avec chaque type ayant ses avantages et ses inconvénients. Les portefeuilles en ligne sont souvent plus faciles à utiliser et plus accessibles, bien qu'ils soient à plus haut risque d'attaques informatiques. Les portefeuilles hors ligne, également connus sous le nom de "portefeuilles froids", sont plus sûrs car ils ne sont pas connectés à Internet, mais ils sont en même temps moins pratiques pour réaliser des transactions fréquentes.

La gestion des cryptoactifs implique aussi la nécessité de suivre de près leur performance. Pour cela, il existe des outils d'analyse et de suivi de marché qui fournissent des informations en temps réel sur les prix, les volumes d'échanges, et l'état général du marché. Ces outils, qui peuvent prendre la forme de plateformes en ligne, de logiciels de bureau, ou d'applications mobiles, aident les investisseurs à prendre des décisions éclairées et à temps.

Finalement, le monde de l'Investissement Programmé en Crypto est parsemé d'outils d'automatisation. Ces derniers utilisent des algorithmes pour acheter ou vendre des cryptomonnaies selon des critères définis à l'avance, ce qui permet aux investisseurs de profiter des opportunités de marché même lorsqu'ils ne sont pas activement en train de surveiller le marché.

En conclusion, l'investissement programmé en cryptoactifs repose sur une utilisation stratégique d'une combinaison de plateformes d'échanges, de portefeuilles numériques, d'outils de suivi de marché, et d'outils d'automatisation. Chaque élément de cette combinaison apporte une contribution spécifique et essentielle à la réussite de l'investissement en cryptoactifs.

## Avantages et Limitations

Les investissements programmés en cryptomonnaie présentent une multitude d'avantages significatifs qui ont conduit à leur popularité grandissante dans le monde financier moderne. Cependant, tout comme toute autre forme d'investissement, ils comportent aussi des limitations qui doivent être bien comprises pour que l'investisseur puisse prendre des décisions éclairées.

Un avantage majeur des investissements programmés en cryptomonnaie est le potentiel de rendements élevés. Les cryptomonnaies, bien qu'elles soient volatiles, ont montré une tendance à la hausse au fil du temps. Le Bitcoin, par exemple, est passé de quelques centimes à des dizaines de milliers de dollars en une décennie. Cette croissance rapide en fait une opportunité d'investissement très attrayante pour ceux qui sont prêts à accepter le risque.

Non seulement les cryptomonnaies offrent des rendements élevés potentiels, mais elles fournissent également une diversification du portefeuille. Comme la performance des cryptomonnaies n'est généralement pas directement corrélée à celle des actions traditionnelles, des obligations ou des produits des marchés des matières premières, elles peuvent ajouter de la variété à un portefeuille d'investissement et aider à répartir le risque.

De plus, la cryptomonnaie permet une plus grande accessibilité. Auparavant, l'investissement était souvent limité à ceux qui avaient de grandes quantités de capitaux et l'accès aux marchés financiers. Sur les plateformes de cryptomonnaies, les investisseurs de tous niveaux peuvent participer, et ce, 24 heures sur 24, contrairement aux marchés boursiers traditionnels qui sont ouverts à des heures de trading régulières.

Cependant, malgré ces avantages, les investissements programmés en cryptomonnaie présentent également certaines limitations à ne pas sous-estimer. L'un des problèmes majeurs est la volatilité du marché. Parce que les prix de la cryptomonnaie peuvent fluctuer rapidement en un laps très court, cela peut entraîner une perte d'argent tout aussi rapide qu'un gain, surtout pour les investisseurs qui n'ont pas une stratégie bien définie.

Qui plus est, la cryptomonnaie en est toujours à ses débuts, et son acceptation reste limitée dans le monde entier. Cela signifie que vous pourriez ne pas pouvoir utiliser votre investissement là où vous le souhaitez, et si personne n'utilise ou n'accepte une cryptomonnaie, sa valeur peut baisser.

Enfin, il faut connaître aussi les défis technologiques et sécuritaires. Les investissements en cryptomonnaies reposent sur la technologie de la blockchain et exigent une certaine connaissance technique. De plus, bien que de nombreuses plateformes d'investissement en cryptomonnaie soient sécurisées, il existe toujours un risque d'attaques de piratage qui pourraient entraîner la perte de vos investissements.

En somme, comme tout investissement, il est essentiel de comprendre pleinement à la fois les avantages des investissements programmés en cryptomonnaie et les défis qu'ils comportent. Une approche prudente, une recherche approfondie et une gestion de risque solide peuvent vous préparer à faire face à ces défis tout en profitant des avantages.

# Chapitre 19
# Qu'est-ce que le Liquid Staking et Comment en Profiter ?.

# Introduction au Liquid Staking

Dans le domaine encore relativement inexploré des technologies de la blockchain, une innovation certes moins connue mais non moins intéressante fait son chemin : le Liquid Staking. Il s'agit d'un procédé qui ouvre des voies d'investissement et de profit exponentiels pour les pionniers aventureux du domaine numérique. Comment en profiter, demandez-vous. Nous allons y venir. Mais tout d'abord, introduisons de manière adéquate l'idée même du Liquid Staking.

En termes simples, le Liquid Staking est une méthode qui permet aux détenteurs de cryptomonnaie de participer à la sécurité et à la validation de la blockchain tout en conservant la liquidité de leurs actifs, d'où son nom. Contrairement au staking traditionnel, où les actifs sont souvent mis en jeu et immobilisés pendant une certaine période, le staking liquide offre une liberté de mouvement inégalée aux utilisateurs.

C'est l'équivalent numérique de tirer le meilleur parti de deux mondes : d'une part, participer à la maintenance et à la sécurisation de la blockchain -

un processus qui offre généralement des récompenses sous forme de pièces supplémentaires, et d'autre part, l'aptitude à accéder et à transiger leurs fonds sans limitation - un avantage certain qui donne à ce concept nouvellement émergent un attrait indéniable.

Maintenant, on pourrait se demander : comment cette nouvelle méthode de staking parvient-elle à réaliser cette promesse ? La réponse : c'est grâce à une approche innovante de réorganisation des engagements staking. Lorsqu'un utilisateur choisit de liquider son staking, ses actifs sont représentés par des tokens spéciaux qui sont émis en contrepartie de l'engagement original. Ces tokens représentent essentiellement une preuve de staking qui peut être échangée, vendue ou utilisée comme garantie dans l'écosystème blockchain plus large.

Le principal avantage du Liquid Staking est la flexibilité qu'elle offre. Les investisseurs qui choisissent de liquider leur staking peuvent profiter des avantages de leur investissement tout en maintenant la liquidité de leurs actifs. Cette liberté apporte une onde de choc rafraîchissante dans le domaine de la crypto, souvent critiqué pour son accessibilité limitée et sa complexité technique.

Cependant, il convient de noter que tout comme tout autre investissement, le Liquid Staking n'est pas sans risques. Les utilisateurs doivent être conscients des implications et des complications potentielles qui peuvent survenir. La question de la confiance, la dépendance à l'égard de fournisseurs tiers et l'intégrité du système sont autant de facteurs à prendre en compte lors de la prise de décisions d'investissement.

Dans l'ensemble, le Liquid Staking représente une avancée technologique fascinante dans le monde de la blockchain et de la cryptomonnaie. Il s'agit d'une tendance qui mérite d'être surveillée et qui, sans aucun doute, contribuera à sculpter l'avenir du domaine financier numérique. Un avenir que nous aborderons en détail dans les prochains chapitres.

## Comparaison avec le Staking Traditionnel

Dans le monde de la blockchain, le concept traditionnel du staking est bien connu. Il s'agit fondamentalement d'un processus où les utilisateurs bloquent, ou « stakent », des pièces dans leur portefeuille de cryptomonnaie pour soutenir les opérations d'un réseau blockchain. Ce protocole récompense les participants avec des récompenses d'intérêt additionnelles. Cette forme de staking offre une méthode simple pour obtenir des gains passifs, mais elle présente aussi certains inconvénients qui ont conduit à l'émergence de l'approche du staking liquide.

Le staking traditionnel est associé à une contrainte de liquidité. Une fois que les pièces sont stakées, elles sont bloquées dans un contrat intelligent et ne peuvent plus être utilisées ou déplacées librement. Dans cet état, les utilisateurs ne peuvent pas vendre leurs actifs ou les utiliser comme garantie pour des prêts décentralisés. De plus, les utilisateurs ont tendance à être incertains quant au moment précis où ils auront le droit de récupérer leurs pièces, ce qui peut créer une incertitude financière.

En revanche, le liquid staking rend les actifs de staking utilisables en émettant des jetons représentatifs qui sont libres de se déplacer et peuvent être échangés. En d'autres termes, lorsque vous stakez par le biais du staking liquide, vous recevez des jetons représentatifs de votre participation que vous pouvez utiliser comme bon vous semble, sans vous priver de vos actifs initialement stakés.

Un autre aspect à considérer ici est le potentiel de rendement des deux méthodes. Le staking traditionnel offre généralement un rendement fixe, tandis que le staking liquide peut offrir des rendements plus élevés, mais avec une variabilité accrue. En règle générale, les rendements des jetons de représentation sont liés à la valeur du token de base qui est staké. Cela signifie que si la valeur du token staké augmente, les détenteurs de jetons représentatifs bénéficieront d'une augmentation proportionnelle de la valeur de leurs jetons.

En outre, le liquid staking introduit également une plus grande flexibilité puisqu'il permet aux utilisateurs de participer à plusieurs pools de staking en même temps. C'est comme si vous pouviez multiplier les tables de poker auxquelles vous jouez. Cela augmente votre capacité à gagner des récompenses de multiples sources, ce qui n'est pas possible avec le staking traditionnel qui oblige les utilisateurs à choisir un seul pool ou actif à staker.

Indépendamment de ces avantages, il est important de noter que le liquid staking peut également comporter certains risques et défis. Le principal risque est lié à la complexité accrue du système utilisé pour gérer le staking liquide. Cette complexité peut rendre le système plus vulnérable aux erreurs et aux attaques. De plus, comme dans toute représentation par jetons, il existe une certaine confiance implicite dans la précision et l'intégrité du jeton qui représente l'actif sous-jacent.

En bref, ces deux formes de staking diffèrent en termes de liquidité, de potentiel de rendement, de flexibilité et de risques associés. Le choix entre le staking traditionnel et le liquid staking dépend donc de l'appétit individuel pour le risque, des préférences pour la liquidité, et du désir de diversification par rapport à la simplicité.

## Plateformes de Liquid Staking

Liquid Staking est une innovation technologique qui offre à ses utilisateurs la possibilité d'utiliser leurs actifs en staking comme une forme de garantie pour accéder à de la liquidité. Alors qu'il devient de plus en plus populaire dans l'espace de la blockchain, diverses plateformes ont également émergé pour soutenir cette nouvelle forme de staking.

Une plateforme particulièrement populaire pour le Liquid Staking est Stafi Protocol. Stafi ou Staking Finance est un protocole DeFi qui permet aux utilisateurs de staker des actifs et d'émettre des jetons rToken en retour. Ces jetons représentent les actifs stakés sur la blockchain de Stafi et peuvent être utilisés pour accéder à des liquidités sans avoir à dé-staker les actifs. Le protocole utilise des validateurs pour sécuriser la blockchain et les utilisateurs peuvent choisir parmi différents pools de staking pour placer leurs actifs. Unique en son genre, Stafi s'est établi comme un leader dans le domaine du Liquid Staking.

Un autre acteur majeur dans ce domaine est Acala Network. Ce projet offre une plateforme pour les jetons Polkadot et Kusama et permet aux utilisateurs de staker leurs actifs tout en pouvant emprunter contre eux. À la différence de Stafi, Acala utilise le mécanisme de staking de Polkadot pour sécuriser sa blockchain. C'est une initiative importante qui facilite la participation au staking pour les petits investisseurs qui ne disposent peut-être pas de suffisamment de jetons pour staker sur la blockchain de Polkadot ou Kusama directement.

Lido Finance, un autre projet dans l'espace du Liquid Staking, offre une solution pour staker le token Ethereum 2.0, ETH2. Avec Lido, les utilisateurs peuvent staker leurs ETH2 et recevoir des stETH en retour, qui représentent les ETH2 stakés. Ces stETH peuvent être utilisés pour accéder à la liquidité sur la blockchain Ethereum, qui est l'une des plus importantes adoptantes de la technologie blockchain. Avec Lido, le risque de staking est également réparti entre tous les détenteurs de stETH, ce qui réduit le risque pour l'individu.

Une autre initiative intéressante est celle d'Ankr Staking. Ankr est une plateforme fournissant des solutions de staking pour diverses blockchains, dont Polkadot, Binance Smart Chain, Avalanche et bien d'autres. Ankr se différencie en offrant une solution tout-en-un pour le staking et le dé-staking des actifs, vers la liquidité et le retour.

Enfin, Rocket Pool est une autre plateforme qui se distingue dans l'espace du Liquid Staking. Il s'agit d'un protocole décentralisé qui offre du staking pour Ethereum 2.0. Le protocole permet aux utilisateurs de gagner des récompenses en staking tout en conservant un degré de liquidité grâce à l'émission de jetons rETH.

Ces plateformes de Liquid Staking sont en train de redéfinir le paysage de l'investissement en crypto. En fournissant la liquidité aux actifs en staking, elles réduisent non seulement le risque mais aussi le seuil d'entrée pour les petits investisseurs. C'est un positionnement parfaitement en accord avec la mission originelle de la blockchain : émanciper l'individu à travers la technologie décentralisée.

# Chapitre 20
## Qu'est-ce qu'un Oracle Blockchain ?.

## Rôle des Oracles

Dans le domaine passionnant de la blockchain, les oracles jouent un rôle crucial et leur importance ne saurait être sous-estimée. Au cœur de la dynamique de la blockchain, se trouvent les contrats intelligents ou smart contracts, qui sont sans doute l'atout le plus puissant pour l'automatisation des processus numériques. Cependant, leur potentiel ne peut être pleinement exploité sans interagir avec les données du monde réel. Cela nous amène à l'un des acteurs les plus essentiels de ce domaine, les oracles.

En termes simples, un oracle de blockchain est un agent externe qui se charge de transmettre des informations du monde extérieur vers la blockchain. Les smart contracts ne peuvent pas accéder directement à ces informations, ce qui crée le besoin des oracles. Le rôle d'un oracle est à la fois complexe et fondamental. D'une part, l'oracle doit être capable de s'adapter aux différentes exigences de chaque blockchain et de chaque contrat intelligent afin de pouvoir transmettre les données nécessaires. Il joue alors le rôle de pont, en reliant deux mondes fondamentalement différents.

En tant qu'agent d'information, l'oracle doit garantir l'exactitude, l'intégrité et la fiabilité des données qu'il transmet. Ce rôle est essentiel car les smart contracts sont des programmes informatiques automatisés qui exécutent des fonctions précises basées sur les informations reçues. La moindre déviation de l'exactitude peut entraîner de graves complications et même remettre en question la raison d'être de la blockchain.

L'oracle est également garant de la sécurité des informations essentielles. Au-delà de la simple transmission de données, il est chargé de sécuriser ce processus de manière à empêcher toute forme de manipulation ou d'interférence. Comme les interactions financières et les transactions de données sensibles sont courantes sur la blockchain, le rôle de l'oracle implique également de combattre la cybercriminalité.

Par ailleurs, la tâche de l'oracle n'est pas seulement de transmettre des informations, mais aussi de vérifier leur validité. C'est ici que se manifeste l'aspect adaptatif de l'oracle. Selon le type d'information requis par le smart contract, l'oracle doit parfois s'adapter à différentes sources, des sites de météo aux plateformes de transactions financières en temps réel. De plus, l'oracle doit souvent confirmer la validité de ces informations à l'aide de diverses techniques d'authentification, ce qui renforce davantage son rôle de garant de la fiabilité.

En fait, on peut dire que l'oracle agit comme une sorte de vérificateur et de traducteur, non seulement en utilisant le langage de la blockchain, mais aussi en traduisant le langage du monde extérieur de manière à ce qu'il puisse être compris et intégré par la blockchain. De cette manière, l'oracle facilite l'interaction entre la réalité concrète et la virtualité de la blockchain.

Les oracles sont donc l'un des piliers les plus cruciaux de l'écosystème blockchain. Leur rôle est essentiel pour le fonctionnement des smart contracts et pour maintenir l'efficacité et la fiabilité de la blockchain en général. Sans eux, la blockchain serait déconnectée du monde réel, enfermée dans sa propre bulle numérique.

## Types d'Oracles

Les oracles de blockchain, dans le contexte des contrats intelligents ou smart contracts, jouent un rôle fondamental dans la dynamique du Web 3. Expérimentons avec le concept d'Oracle au sein de la blockchain, et abordons plus précisément les différents types d'Oracles qui existent.

Les oracles de blockchain ont été conceptualisés pour résoudre un dilemme majeur dans le monde des contrats intelligents : le problème de l'isolement complet de ces derniers par rapport à l'environnement extérieur. En effet, les contrats intelligents sont conçus pour s'exécuter de manière autonome sur la blockchain, en l'absence de toute influence extérieure. C'est là que les oracles entrent en jeu, agissant comme des messagers entre le monde réel et le monde décentralisé de la blockchain. Ces oracles fournissent aux contrats intelligents les données externes dont ils ont besoin pour exécuter certaines fonctions. Les oracles sont essentiellement de différentes catégories, en fonction de leur nature, de leur source de données et de leur direction.

Le premier type d'oracles à explorer est celui des oracles de données. Les oracles de données sont les plus couramment utilisés. Ils fournissent des informations provenant de sources de données en ligne, telles que les taux de conversion de devises, les températures, les indices boursiers, etc. Ils jouent un rôle crucial, notamment dans le domaine de la finance décentralisée, où de nombreux contrats intelligents dépendent de données financières précises.

En second lieu, nous avons les oracles matériels. Ce type d'oracle relie le monde des contrats intelligents aux objets physiques du monde réel (Internet des objets - IoT). Par exemple, un oracle matériel pourrait lire les données d'un compteur d'électricité intelligent et les transmettre à un contrat intelligent qui facturerait automatiquement un utilisateur en conséquence.

Un autre type d'oracle que nous pouvons discuter est l'oracle de consensus. Ce type d'oracle est utilisé lorsque la source de données n'est pas fiable ou susceptible d'être manipulée. Plusieurs sources sont utilisées et un consensus doit être atteint entre elles pour valider l'information. Les plateformes de pronostics sont un bon exemple de l'utilisation de ce type d'oracle.

Les oracles entrants et sortants sont un autre type que nous devons aborder. Ils sont différenciés en fonction de la direction du flux de données. Un oracle entrant transfère des informations du monde extérieur vers la blockchain, tandis qu'un oracle sortant fait le contraire.

Par exemple, un contrat intelligent pourrait utiliser un oracle entrant pour obtenir le prix actuel du gaz naturel, puis utiliser cette information pour déterminer le montant à facturer à un client. Parallèlement, un oracle sortant pourrait être utilisé pour déclencher un paiement à un autre contrat intelligent ou à une adresse blockchain spécifique, en fonction de certaines conditions définies dans le contrat initial.

Enfin, il faut mentionner les oracles de tiers. Ce sont des services fournis par une entité externe qui recueille et vérifie les informations avant de les transmettre au contrat intelligent. Ils sont souvent utilisés pour fournir des informations qui nécessitent une certaine expertise pour être recueillies ou vérifiées, comme des données sur le marché immobilier ou des statistiques sportives.

Chaque type d'oracle a sa propre importance et ses propres utilisations. Le choix de l'oracle approprié dépend de la nature du contrat intelligent, de l'information requise et de la nécessité de fiabilité, de précision et de sécurité de l'information. Alors que nous continuons à déployer et à développer des contrats intelligents, la variété et la sophistication des oracles augmenteront également.

Le monde de la blockchain est complexe et en constante évolution, mais une chose est certaine : les oracles joueront un rôle clé dans le fonctionnement et l'évolution des contrats intelligents.

## Problèmes et Solutions

Lorsqu'on parle d'Oracle dans le contexte de la blockchain, on fait référence à une interface externe à la chaine qui permet d'importer et d'exporter des données du monde réel vers la blockchain. Toutefois, cette technologie, aussi révolutionnaire soit-elle, souffre de quelques problèmes qui méritent réflexion.

Le premier défi notable implanté dans le fonctionnement des oracles blockchain est le problème de la centralisation. Les oracles sont des entités centralisées qui procurent des données à un environnement décentralisé. Cela crée une dépendance à une source unique de vérité qui peut se transformer en un maillon faible dans le système, car si l'Oracle est compromis, tout le système peut en pâtir. Par conséquent, il est difficile de réaliser la vision d'une décentralisation complète avec un acteur centralisé dans le jeu.

Le deuxième problème inhérent à l'utilisation d'Oracle est le manque de fiabilité. Dans la plupart des cas, la blockchain dépend de l'Oracle pour obtenir des informations exactes. Toutefois, si pour une raison ou une autre, l'Oracle donne des informations incorrectes, la blockchain les accepte comme vérité. L'intégrité du système souffre donc de l'imprécision potentielle des oracles.

Par ailleurs, nous sommes confrontés à l'absence de standardisation dans l'interprétation des données. Les oracles sont conçus pour interpréter les données de différentes manières, ce qui peut entraîner des incohérences. Une mesure qui est en train de prendre forme pour résoudre ce problème est l'oracle décentralisé, qui vise à éliminer la dépendance à une source centrale d'information.

C'est là qu'interviennent les solutions potentielles. L'une des réponses au problème de centralisation est l'utilisation de plusieurs oracles. En utilisant plusieurs acteurs indépendants pour obtenir des informations, le risque est réparti. Plus il y a d'oracles, plus il est probable que l'ensemble de données soit correct, ce qui renforce l'intégrité du système.

Pour répondre à la question de la fiabilité, nous pouvons faire appel à des oracles de confiance. Ce sont des entités réputées pour leur précision et leur fiabilité, comme les organisations gouvernementales ou les grandes entreprises de technologie. Ces acteurs seraient considérés comme étant suffisamment fiables pour fournir des informations précises.

En ce qui concerne la standardisation, nous pouvons adopter des normes communes pour l'interprétation des données. Ces normes permettraient de s'assurer que différentes entités interprètent les données de la même manière, en éliminant ainsi les incohérences.

Au final Inévitablement, des problèmes surgiront dans toute technologie innovante, tout comme les oracles de la blockchain. Toutefois, avec une réflexion approfondie et une innovation continue, ces problèmes peuvent être surmontés, ouvrant la voie à de nouvelles utilisations passionnantes de la technologie blockchain.

# Chapitre 21
# Trilemme des
# Blockchains.

## Explication du Trilemme

Le phénomène du trilemme des blockchains est l'une des principales problématiques qui fascinent à la fois les adepte de la technologie blockchain, les économistes, les chercheurs en informatique et les praticiens de la blockchain. L'essence du trilemme des blockchains repose sur trois piliers fondamentaux : la sécurité, la décentralisation et la scalabilité. Chacun de ces aspects présente une pertinence capitale qui définit l'efficacité d'une blockchain, mais le trilemme provient du fait que réaliser les trois de manière optimale en même temps est extrêmement difficile, sinon impossible.

Abordons en premier lieu le pilier de la sécurité. Dans le contexte de la blockchain, la sécurité fait référence à la capacité de la blockchain de résister aux menaces potentielles, que ce soit le piratage, les manipulations frauduleuses, les doubles dépenses ou tout autre type d'attaque pouvant compromettre l'intégrité de la chaîne. Avec une résilience à ces attaques, la blockchain est habilitée à exécuter des transactions de manière fiable et à maintenir l'intégrité et la transparence des données financières.

Le deuxième pilier, la décentralisation, incarne l'essence même de la philosophie qui sous-tend la blockchain. La décentralisation signifie que le contrôle de la blockchain n'est pas confiné à une autorité centralisée, mais est distribué à travers un réseau d'acteurs, connus sous le nom de nœuds. Cela garantit la démocratisation de la prise de décision, permettant d'éviter les effets délétères d'une centralisation excessive tels que la corruption, l'autoritarisme et les points de failles systémiques.

Le dernier pilier, la scalabilité, se réfère à la capacité de la blockchain à traiter un volume de transactions toujours plus important à mesure que le réseau se développe. En d'autres termes, plus une blockchain est scalable, plus elle est capable de gérer un nombre croissant de transactions par seconde. Cela a des implications profondes pour l'efficacité transactionnelle, l'expérience utilisateur et la pertinence à long terme de la blockchain.

Le trilemme de blockchain pose un défi en ce sens qu'il semble impossible d'assurer ces trois piliers simultanément. Une blockchain peut chercher à privilégier la sécurité, mettant en œuvre des protocoles stricts et rigoureux pour se prémunir contre les attaques, mais cela peut s'opposer à la scalabilité, car des protocoles de sécurité robustes peuvent ralentir la vitesse de transaction. De même, le fait de favoriser la décentralisation peut nuire à la sécurité, du fait que la démocratie de la prise de décision peut donner lieu à des comportements opportunistes et perturbateurs. De plus, la décentralisation peut entraver la scalabilité, car la coordination entre les nœuds peut devenir complexe et chronophage au fur et à mesure que le réseau s'étend.

Dans l'ensemble, le trilemme de blockchain est un défi inconvénient auquel sont confrontés les ingénieurs, chercheurs et praticiens de la blockchain alors qu'ils s'efforcent de concevoir et de mettre en œuvre des solutions blockchain qui parviennent à un équilibre satisfaisant entre ces trois piliers. Cela stimule la quête d'innovation pour inventer des mécanismes qui permettent de surmonter ou au moins de surmonter ce trilemme par des moyens comme le sharding, les protocoles de consensus innovants, le recours à la preuve d'enjeu opposée à la preuve de travail, entre autres. En dépit des défis que pose ce trilemme, il offre également une formidable occasion de repousser les frontières de l'innovation technologique et de l'ingéniosité humaine.

## Implications du Trilemme

Le trilemme de la blockchain est un concept intégral qui présente les défis inhérents à toute tentative d'optimisation des blockchains. Le trilemme stipule que seule une combinaison de deux des trois attributs suivants est possible : sécurité, décentralisation, et échelle. L'intégralité des trois attributs est supposée introuvable dans un même système. En d'autres termes, prioriser l'un d'eux compromet inévitablement les deux autres.

L'implication directe du trilemme est sa pertinence pour l'élaboration des capacités d'une blockchain. Ainsi, si les développeurs privilégient la décentralisation, la blockchain qui en résulte pourrait être plus vulnérable aux attaques, ou incapable de traiter un nombre important de transactions par seconde. Avoir comme priorité la décentralisation et la sécurité pourrait réduire sensiblement la vitesse des transactions, limitant ainsi le potentiel d'adoption massive.

La tension entre ces trois pôles remet en question la possibilité d'avoir une blockchain qui conserve l'idéal de décentralisation tout en offrant sécurité et vitesse de traitement. Cela a également conduit à l'exploration de différentes configurations de blockchains pour optimiser ces trois attributs. Alors que certaines blockchains peuvent opter pour une sécurité et une décentralisation accrues, d'autres pourraient optimiser pour l'échelle et la sécurité, acceptant une certaine mesure de centralisation.

Par exemple, des solutions de mise à l'échelle de la couche deux, comme la fragmentation et les canaux de paiement de l'Etat, ont été proposées comme moyens potentiels de dépassement du trilemme. Elles visent à augmenter le nombre de transactions par seconde sans compromettre la sécurité ni la décentralisation. Cependant, il reste encore beaucoup de travail à faire pour déterminer si ces solutions peuvent vraiment transcender les contraintes initiales du trilemme.

L'implication plus profonde du trilemme est son impact sur la faisabilité des projets blockchain. La réalité du trilemme signifie que tout projet blockchain doit faire des compromis dans sa conception, ce qui peut avoir des implications significatives sur sa viabilité à long terme et son utilité pour les utilisateurs. Ceci, à son tour, influence comment les investisseurs, développeurs et utilisateurs approchent et évaluent les projets blockchain.

En conclusion, le trilemme de la blockchain présente un défi technique complexe avec des implications globales pour le développement des systèmes de blockchain. Alors que les tentatives de résoudre le trilemme continuent d'être explorées, il agit comme un système de vérification, forçant les décideurs à mûrement peser leurs décisions en tenant compte de l'équilibre délicat de ces trois caractéristiques nécessaires.

## Solutions et Innovations

La Blockchain, malgré ses nombreux avantages, est confrontée à un trilemme technologique essentiel : comment parvenir à maintenir simultanément la sécurité, la décentralisation et l'efficacité ? Il n'est pas aisé de trouver un équilibre entre ces trois critères, et beaucoup s'y sont cassés les dents. Pourtant, des solutions et des innovations prometteuses voient le jour.

L'un des premiers facteurs d'innovation réside dans l'amélioration des protocoles de consensus. Par exemple, le passage du Proof of Work (PoW) bien connu à des approches plus récentes comme le Proof of Stake (PoS) ou le Delegated Proof of Stake (DPoS) a permis d'accroître de manière significative l'efficacité des transactions. En réduisant l'ampleur du travail de validation, ces approches allègent les processus et permettent aux systèmes d'exécuter plus rapidement les transactions.

En parallèle, le processus appelé "Sharding," divise le réseau en plusieurs fragments, ou "shards", qui peuvent procéder à des transactions et des opérations indépendantes les unes des autres. En principe, cela augmente le débit des transactions en permettant à plusieurs opérations d'avoir lieu simultanément. Cette approche conserve le niveau de sécurité nécessaire, tout en améliorant l'efficacité des transactions.

Cependant, c'est peut-être avec l'avènement de la technologie des canaux d'état, comme le réseau

Lightning pour Bitcoin ou le réseau Raiden pour Ethereum, que nous résolvons le mieux ce trilemme. Ces canaux permettent de réaliser des transactions hors chaîne, c'est-à-dire en dehors de la blockchain principale, et d'y enregistrer le résultat final, soulageant ainsi la pression sur le réseau principal. En plus d'accélérer considérablement les transactions, cette technologie réduit les coûts transactionnels et conserve la sécurité et la décentralisation de la blockchain.

Ces innovations sont également soutenues par le développement de solides contrats intelligents, qui s'exécutent automatiquement lorsqu'un ensemble prédéterminé de conditions est rempli. À leur manière, ces contrats permettent d'améliorer à la fois la sécurité - en garantissant l'exécution des transactions telles qu'elles ont été conçues - et l'efficacité, en traitant automatiquement les transactions sans l'intervention de parties tierces.

Enfin, il est intéressant de noter que la notion même de décentralisation évolue. La décentralisation ne signifie pas nécessairement que toutes les parties ont un contrôle égal, mais plutôt que le contrôle est distribué de manière assez équilibrée pour éviter le monopole. Des modèles de gouvernance innovants, comme le DAO (Decentralized Autonomous Organization), cherchent à trouver un juste équilibre entre la décentralisation et l'efficacité.

Ces innovations, bien que très prometteuses, ne sont cependant que le début. Le trilemme de la blockchain ne sera réellement résolu que lorsque la technologie aura mûri et que ses principes de base auront été pleinement intégrés dans notre système économique et sociétal. Des défis de taille nous attendent encore, mais l'avenir de la blockchain s'annonce résolument passionnant et plein de potentiel.

# Chapitre 22

## Les Autorisations (Approval) de Smart Contracts.

# Comprendre les Approvals

Dans l'ère de la technologie numérique, comprendre le concept d'approval ou d'autorisation de smart contracts est essentiel pour naviguer efficacement dans le monde complexe du Web 3.0 et de la blockchain. Dans le vaste réseau des Smart Contracts, l'heedro erkömmlich von approvals joue un rôle déterminant, permettant l'interaction sécurisée entre les participants tout en minimisant les erreurs transactionnelles.

En termes simples, un approval est un mécanisme de permission qui permet à des tiers d'interagir avec vos tokens sur un contrat intelligent. Cela peut sembler effrayant au premier coup d'oeil, confier la possibilité d'interaction avec vos précieux tokens à un tiers. Mais c'est là que réside la beauté des smart contracts : ils sont régis non par la confiance mais par une logique inaltérable. Les autorisations ne font pas automatiquement confiance aux tiers. Elles les autorisent plutôt à interagir avec vos tokens jusqu'à un montant spécifique que vous définissez.

Examinons un scénario. Vous voulez utiliser une

plateforme de trading décentralisée (DEX) pour échanger vos tokens A contre des tokens B. Pour effectuer cet échange via un smart contract, vous devez d'abord autoriser le DEX à déplacer vos tokens A. Le montant que vous autorisez est sous votre contrôle. Et une fois que le montant est réglé, le contrat intelligent de l'exchange est établi et aucune partie ne peut y apporter de modifications arbitraires.

Les smart contracts respectent fidèlement le principe de l'autonomie de l'utilisateur. Ainsi, même après avoir accordé une approval, vous avez le pouvoir de la révoquer à tout moment. Par exemple, si vous avez autorisé un smart contract à déplacer 100 tokens de votre compte et que vous changez d'avis après avoir déplacé seulement 50 tokens, vous pouvez révoquer l'autorisation restante.

Cela dit, il est à noter que les autorisations se prêtent à une attaque dite "de sandwich". En théorie, une personne malveillante peut tirer parti de l'approbation discrétionnaire d'un utilisateur pour effectuer plusieurs transactions dans le but de manipuler le prix du token de l'utilisateur.

Cependant, les plateformes de contrat intelligent sérieuses disposent de protocoles de sécurité solides pour éviter de telles situations.

Dans l'ensemble, les approbations forment une composante vitale de la dynamique complexe des smart contracts sur bloc chain. Elles permettent un niveau d'autorisation granulaire qui maintient l'équilibre entre l'autonomie de l'utilisateur, la flexibilité et la sécurité. En maniant correctement les outils d'approbation disponibles, les utilisateurs peuvent manipuler efficacement les tokens tout en minimisant les risques de sécurité. Cependant, une bonne compréhension du fonctionnement exact des autorisations est nécessaire pour naviguer en toute sécurité dans ces eaux potentiellement trépidantes.

Comprendre les autorisations implique aussi de comprendre les responsabilités qui les accompagnent. Les utilisateurs doivent être conscients des autorisations qu'ils accordent et des conséquences potentielles. En toute connaissance de cause, l'immensité apparemment intimidante du web 3.0 et des smart contracts peut devenir un outil extrêmement précieux pour naviguer dans notre monde numérique de plus en plus interconnecté.

## Risques Associés aux Approvals

Dès lors que nous commençons à creuser la complexité des autorisations de smart contracts, nous ne pouvons écarter la question des risques qui leur sont inhérents. La sophistication technologique que ces contrats intelligents apportent est indéniable, mais il est important de se tourner de manière critique vers les dangers potentiels qui en découlent.

La majorité des autorisations de smart contracts utilisent ce que l'on appelle le "model d'approbation". Cela signifie essentiellement qu'un utilisateur donne l'autorisation à quelqu'un d'autre pour transférer ses actifs, pourtant, ce modèle d'approbation expose l'utilisateur à un certain nombre de risques.

Premièrement, il y a le risque d'une exploitation non contrôlée. Un contrat intelligent qui a reçu une autorisation n'a généralement aucune limite concernant la manière dont il peut utiliser cette autorisation. Cela créé un certain niveau de vulnérabilité, car le contrat pourrait exploiter l'autorisation pour des transferts non désirés et vider les actifs de l'utilisateur.

Deuxièmement, il y a le risque de "double dépense". C'est particulièrement vrai pour les contrats qui utilisent le modèle d'approbation standard d'ERC20, un protocole commun pour les tokens. Si un utilisateur accorde une deuxième autorisation avant que la première ne soit dépensée, la première autorisation peut être effectuée par un acteur malintentionné au moment juste après l'octroi de la deuxième autorisation, doublant ainsi la dépense effectuée.

Troisièmement, le risque d'abus se pose lorsqu'une autorisation est accordée à un contrat, plutôt qu'à un individu. Les contrats peuvent être exploités ou piratés, et si une autorisation est accordée à un contrat vulnérable, les actifs détenus dans ce contrat peuvent être volés par des personnes mal intentionnées.

Ensuite, il y a le risque inhérent à l'exposition des clés API. Cette menace est omniprésente lorsqu'on travaille avec les smart contracts. Les clés API sont comme des passe-partout pour accéder à différents systèmes. Lorsque ces clés sont exposées à l'extérieur, il y a un risque considérable que quelqu'un les utilise pour accéder et exploiter les systèmes.

En somme, lorsqu'il est question d'autorisations de smart contracts, le risque est bien présent. Cependant, il est important de mettre ces risques en perspective. L'idée n'est pas de dissuader l'utilisation de cette technologie, mais plutôt d'encourager une utilisation attentive et éclairée. En s'éduquant sur les risques et en se préparant à les affronter, nous espérons que le monde sera en mesure de maximiser les avantages offerts par les smart contracts, tout en minimisant les dangers potentiels.

## Best Practices

Dans le monde complexe et dynamique des smart contracts et de la blockchain, la pratique clé pour la gestion des approbations réside dans la judicieuse utilisation du modèle RBAC (Role-Based Access Control), ou contrôle d'accès basé sur les rôles. En fait, dans la plupart des cas, les autorisations ne doivent pas être attribuées à des individus, mais plutôt à des rôles, conférant ainsi une gestion des permissions plus souple et évolutive. Par exemple, plutôt que d'attribuer à Alice et Bob l'accès à une ressource spécifique, il est plus judicieux de créer un rôle, tel que "Contrôleur de fonds", et d'attribuer ce rôle à Alice et Bob. En incorporant RBAC, on évite non seulement un doublon de code excessif pour les approbations, mais on garde aussi un certain niveau de cloisonnement qui prévaut en termes de sécurité.

Se diversifier en termes de délivrance d'approbations est une autre stratégie efficace. Les approbations ne devraient pas se limiter à un seul compte ou entité. La pensée traditionnelle pourrait suggérer que concentrer tous les pouvoirs en un point central pourrait simplifier la gestion, mais cela constitue en réalité une faille de sécurité. La mise en œuvre de structures d'autorité décentralisées, comme les multisignatures, peut fournir une meilleure répartition des risques et une plus grande sécurité. Un compte multisignature nécessite l'approbation d'une pluralité d'entités avant d'exécuter une action, permettant ainsi de s'assurer qu'une seule partie ne détient pas un contrôle absolu.

L'excès d'autorisations est un autre écueil à éviter

lors de la manipulation des smart contracts. Les ingénieurs doivent toujours s'efforcer de travailler selon le principe du moindre privilège (POLP), en n'octroyant que les autorisations strictement nécessaires pour réaliser une tâche spécifique. La violation de ce principe entraîne souvent des conséquences désastreuses, notamment en cas d'attaques malveillantes.

En outre, bien que cela puisse sembler évident, l'importance de la vérification complète de la sécurité ne peut être sous-estimée. Les smart contracts, malgré leurs atouts, restent éminemment vulnérables. Un rappel opportun est que même les projets open source de renom contiennent des failles de sécurité, ce qui souligne l'importance de l'audit régulier des smart contracts et de la mise à jour des pratiques pour faire face à l'évolution des menaces.

Enfin, et même si cela parait contradictoire dans une logique de blockchain, l'intégration de mécanismes de modification ou de pause de smart contracts peut être un outil inestimable en cas de localisation d'un bug ou d'une attaque. Un tel mécanisme peut être prévu à l'avance, en y intégrant toutes les précautions nécessaires pour éviter un abus du processus.

En somme, les meilleures pratiques des autorisations de smart contracts résident dans une approche minutieuse, prudente et éclairée, qui considère avant tout l'adaptabilité et la sécurité pour naviguer dans l'écosystème dynamique de la blockchain, tout en maintenant une efficacité opérationnelle optimale.

# Chapitre 23
## Qu'est-ce qu'un Layer en Crypto ?.

## Définition des Layers

En plongeant dans l'univers de la blockchain et des crypto-monnaies, on se trouve face à une terminologie complexe, mais fondamentale à comprendre pour saisir les dynamiques de cet écosystème. Le terme "Layer" fait partie de ce jargon cryptographique et revêt une importance croissante dans les débats techniques et économiques liés à la blockchain.

En premier lieu, un "Layer" ou une "couche" en anglais, désigne ici un niveau de technologie de blockchain sur lequel fonctionnent diverses applications. Chaque layer a sa propre fonctionnalité et sa propre valeur à ajouter à l'écosystème global. Cette structuration en layers n'est pas unique à la blockchain, elle fait écho à d'autres technologies de réseau comme TCP/IP qui construit l'internet que nous connaissons aujourd'hui.

Les Layers en cryptographie sont essentiellement subdivisés en deux catégories principales : Layer 1 et Layer 2. Layer 1 est considéré comme la couche de base, la couche la plus fondamentale de la blockchain. C'est ici que réside le protocole de consensus, qui est le moteur qui alimente le fonctionnement de la blockchain. Sans Layer 1, la blockchain ne pourrait tout simplement pas exister. De plus, c'est dans cette couche que les transactions sont traitées et sécurisées.

Layer 2, d'un autre côté, est une sorte de couche technologique mise en place au-dessus de Layer 1 pour améliorer ses performances et sa fonctionnalité. En termes plus simples, Layer 2 fonctionne comme un ajout, une extension de Layer 1. Son objectif est de résoudre des problèmes spécifiques que Layer 1 ne parvient pas à résoudre, ou du moins, pas de manière efficace. On peut ainsi y inclure une gamme de technologies et de solutions conçues pour augmenter la vitesse des transactions, réduire les frais de transaction ou augmenter la confidentialité, par exemple.

Il est important de noter que ces layers ne sont pas exclusifs les uns aux autres. Ils sont interdépendants et travaillent ensemble pour assurer le bon fonctionnement de la blockchain. En fait, la réussite d'un écosystème cryptographique dépend de la façon dont ces layers interagissent et se complètent mutuellement.

La distinction entre Layer 1 et Layer 2 est parfois floue et est un sujet de débat continu parmi les experts. Cependant, cette séparation peut aider à comprendre comment différentes innovations et améliorations sont mises en œuvre dans l'écosystème de blockchain. Chaque couche a son propre ensemble de défis, et c'est grâce à ces défis que de nouvelles solutions innovantes continuent d'émerger.

Comprendre ce que sont les Layers en crypto est un premier pas vers la compréhension de l'architecture sous-jacente de la blockchain et de comment elle évolue constamment pour répondre aux besoins de son environnement. Avec le développement rapide de cet espace, l'importance et la complexité de ces layers ne feront que croître, rendant leur compréhension d'autant plus cruciale pour quiconque s'intéresse de près à l'avenir de la technologie de la blockchain.

En somme, les Layers en crypto sont bien plus que de simples niveaux technologiques. Ils sont le reflet de l'évolution et de l'innovation perpétuelle dans l'espace de la blockchain, permettant de nouvelles améliorations et solutions techniques qui étendent et valorisent l'écosystème global. Leur rôle sera donc essentiel pour le futur de cette technologie.

## Fonctionnement et Exemples

Dans un environnement de blockchain typique, un layer (ou une couche, en français) est une strate d'application ou de technologie qui opère en harmonie avec la blockchain principale. Pour fonctionner efficacement et répondre aux demandes croissantes en termes de volume de transactions et de vitesse, de nombreuses cryptomonnaies ont opté pour une structure en couches. Examinons ici comment fonctionnent ces layers et illustrons cette explication à travers des exemples concrets.

En premier lieu, il est essentiel de comprendre que chaque layer a sa propre responsabilité et contribue à la santé globale d'une blockchain. L'architecture typique de la blockchain repose sur deux couches principales : le layer 1 et le layer 2. Le layer 1 est la blockchain principale elles-mêmes. Il garantit la sécurité du réseau et assure le consensus, tandis que le layer 2 vient s'ancrer sur le layer 1 pour augmenter sa capacité et sa rapidité de traitement.

Le layer 1, rappelons-le, est le cœur même de la blockchain. Dans le cas du Bitcoin, par exemple, son layer 1 est la blockchain originelle sur laquelle s'effectuent les transactions. Cependant, ce layer 1 a ses limitations en termes de taille de bloc et de vitesse de traitement, ce qui peut occasionner des temps de transaction lents et des frais élevés, surtout lors des pics d'activité.

C'est là qu'intervient le layer 2. Ce layer, comme le Lightning Network dans le cas du Bitcoin, est une solution secondaire conçue pour accroître la capacité du layer 1. Il permet de réaliser des transactions en dehors de la blockchain principale, ce qui accélère le processus et réduit les frais. Les transactions sont regroupées et réconciliées sur la blockchain principale à des moments spécifiques, ce qui permet d'alléger la pression sur le réseau.

De la même manière, Ethereum a ses propres versions de layers 2, comme Plasma et les rollups, qui permettent à la plateforme d'augmenter le nombre de transactions par seconde et de réduire les frais d'essence pour les utilisateurs. Ces solutions tierces de layer 2 transfèrent une partie de l'activité de la chaîne principale (layer 1) vers des chaînes secondaires ou des chaînes filles, ce qui permet d'alléger la charge de travail de la chaîne principale.

En somme, les layers dans les cryptomonnaies contribuent assurément au bon fonctionnement de l'écosystème blockchain. Ces couches sont missionnées pour travailler de concert pour créer un système plus efficace et à plus forte capacité. À travers ces exemples, on peut comprendre comment les cryptomonnaies comme Bitcoin et Ethereum se sont appuyées sur des layers supplémentaires pour élargir leur potentiel sans mettre en compromis la sécurité et l'intégrité de leurs blockchains respectifs.

Ainsi, l'utilisation de layers dans les cryptomonnaies est une preuve de la flexibilité de cette technologie et de son évolutivité potentielle. En effet, en fonction des besoins et des défis, de nouvelles couches peuvent être introduites pour améliorer la fonctionnalité du réseau. Cette architecture multi-couches est, sans doute, une clé fondamentale pour le futur de la blockchain et de la cryptomonnaie.

## Avantages et Inconvénients

Dans le tableau changeant des technologies de blockchain, l'utilisation des couches, ou "Layer" en anglais, en crypto-monnaie tient une place de plus en plus centrale. Cette innovation offre des avantages considérables, notamment en matière de vitesse, d'évolutivité et de décentralisation. Cependant, comme toute technologie, elle comporte aussi ses propres défis.

Le premier avantage qui vient souvent à l'esprit en parlant des couches en crypto est leur capacité à augmenter considérablement la vitesse des transactions. En déchargeant une partie du travail sur des couches supplémentaires, les transactions peuvent être traitées beaucoup plus rapidement que si elles devaient toutes être enregistrées sur la blockchain principale. Cela se traduit par une meilleure expérience utilisateur, qui pourrait favoriser une adoption plus large des technologies de blockchains.

Ensuite, les couches offrent l'avantage de

l'évolutivité. En effet, en permettant à la blockchain de gérer efficacement un plus grand nombre de transactions, elles contribuent à relever l'un des principaux défis auxquels sont confrontés de nombreux réseaux de blockchain. C'est particulièrement vrai pour des réseaux comme Ethereum, où l'augmentation du nombre de dApps peut rapidement faire grimper la demande en matière de transactions, mettant la blockchain sous pression.

Enfin, les couches peuvent aider à renforcer la décentralisation. En effet, en répartissant le traitement des transactions sur plusieurs couches, ils rendent plus difficile la prise de contrôle du réseau par une seule entité. Cela peut rendre le réseau plus robuste face aux tentatives de manipulation.

Cependant, malgré ces avantages, l'utilisation des couches en crypto n'est pas sans inconvénients. Le premier réside dans la complexité accrue qu'elles introduisent dans la conception et la maintenance des réseaux de blockchain. Cela peut rendre plus difficile pour les développeurs de créer et de maintenir des dApps qui exploitent pleinement les avantages des couches.

De plus, même si les couches peuvent augmenter la vitesse des transactions, elles peuvent également introduire de nouveaux problèmes de latence. Par exemple, si une couche secondaire est trop lente à enregistrer les transactions sur la couche principale, cela peut avoir pour effet de ralentir l'ensemble du réseau.

En outre, même si les couches peuvent renforcer la décentralisation, elles peuvent également la menacer. En effet, si une seule couche devient trop importante, elle pourrait devenir un point de centralisation non désiré. De même, si une seule entité contrôle une grande partie de la puissance de calcul sur une couche, cela pourrait menacer l'équilibre du pouvoir au sein du réseau.

En conclusion, les couches en crypto représentent une importante avancée technologique, offrant de nombreux avantages tels qu'une vitesse accrue, une meilleure évolutivité et une décentralisation renforcée. Cependant, elles présentent également des défis, notamment en termes de complexité, de latence et de potentialités de centralisation. Comme pour toute innovation, il sera essentiel d'évaluer soigneusement ces avantages et inconvénients pour s'assurer que les couches sont utilisées de manière optimale dans les réseaux de blockchain.

# Chapitre 24
# Qu'est-ce que la Seed
# Phrase en Crypto ?.

# Importance de la Seed Phrase

La Seed Phrase, également appelée phrase de récupération, est sans doute une des composantes les plus vitales dans l'univers de la crypto-monnaie. Cette importance se manifeste à plusieurs niveaux, pas des moindres celui de la sécurité de vos actifs numériques. Cette série de mots, généralement entre douze à vingt-quatre, constitue l'équivalent d'une clé maîtresse pour l'accès à vos monnaies cryptographiques. Elle joue un rôle majeur dans le maintien de la sécurité de votre portefeuille crypto, car elle est le seul moyen de récupérer ou de transférer votre portefeuille si vous perdez l'accès à votre dispositif matériel de stockage.

La compréhension de cette importance exige une analyse plus approfondie de son rôle et de sa fonction. Les phrases de récupération ou Seed Phrases sont intrinsèques au protocole de chiffrement qui sécurise les transactions de crypto-monnaie. Elles sont générées de manière pseudo-aléatoire et s'associent à votre clé privée, une autre composante sécuritaire cruciale pour vos transactions cryptographiques. Cela signifie que sans votre Seed Phrase, la sécurité de votre portefeuille est gravement compromise. La Seed Phrase est donc votre salut en cas de perte de clé privée.

Cependant, tout comme une clé sous le paillasson peut donner un accès non autorisé à votre domicile, mal gérée, une Seed Phrase peut également exposer votre portefeuille de crypto-monnaie à des attaquants potentiels. Il est donc vital de gérer et de stocker vos Seed Phrases avec le plus grand soin, en les conservant en sécurité et, idéalement, hors ligne pour éviter leur exposition à des pirates informatiques.

En outre, la Seed Phrase joue également un rôle crucial dans l'assurance de la portabilité de votre portefeuille. Les crypto-monnaies vous offrent une liberté financière sans précédent en vous permettant de devenir votre propre banque. Cependant, cette liberté vient avec une responsabilité clé : assurer la sécurité de votre portefeuille. Tout comme une banque a besoin de coffres-forts et de clés de sécurité pour protéger les ressources financières de ses clients, un détenteur de crypto-monnaie a besoin de sa Seed Phrase pour garder son portefeuille en sécurité. Quelle que soit la situation, que vous oubliez votre mot de passe ou que vous perdiez votre appareil, votre Seed Phrase assure que vous pouvez toujours accéder et contrôler vos actifs.

Les mots qui composent votre Seed Phrase ne sont pas des mots ordinaires. Chaque mot est une représentation codée qui, combinée aux autres, forme une défense incassable contre les tentatives d'accès non autorisées. Soulignons que, comme ces phrases sont générées de manière aléatoire, elles sont presque impossibles à deviner à moins d'être divulguées. Cela renforce l'importance de garder votre Seed Phrase dans un endroit sûr et sûr à tout moment.

En conclusion, ne sous-estimez jamais l'importance de la Seed Phrase dans l'univers de la crypto-monnaie. Elle est le bouclier ultime qui garde vos précieuses monnaies numériques à l'abri des pirates informatiques et autres malfrats, tout en assurant que vous demeuriez le seul gardien de votre fortune numérique. Comprendre le pouvoir qu'elle confère est donc essentiel pour quiconque souhaite naviguer dans le monde passionnant, mais souvent déroutant, de la crypto-monnaie.

Ainsi, la Seed Phrase est votre passeport essentiel pour une aventure sûre et sécurisée dans l'espace de la crypto-monnaie.

## Création et Sauvegarde

Dans l'univers des cryptomonnaies, la seed phrase -ou phrase de récupération- joue un rôle crucial pour la sécurité des actifs. Elle représente rien de moins que la clé de toute votre forteresse financière numérique. Comme les braises délicates et vitales d'un feu, votre seed phrase doit être créée avec soin et conservée avec une rigueur implacable.

La création de la seed phrase se produit généralement lors de la configuration initiale d'un portefeuille de cryptomonnaie. La phrase est automatiquement générée par l'application de portefeuille et se compose typiquement de 12 à 24 mots choisis au hasard dans la langue de votre choix, bien que l'anglais soit le plus couramment utilisé. Ces mots sont alors présentés dans un ordre spécifique qui doit être scrupuleusement respecté. Ce sont ces mots, dans cet ordre précis, qui forment votre seed phrase.

Créer votre seed phrase est une étape relativement

simple. La complexité réside dans la sauvegarde de cette phrase. Tout comme la clé de votre maison, vous ne voulez pas la perdre, la laisser traîner ou permettre à quelqu'un d'autre de la copier. Mais contrairement à une clé physique, votre seed phrase ne peut pas être simplement changée si elle est compromise. Une fois perdue, elle est irrémédiablement perdue ; une fois volée, vos actifs sont indéniablement volés. C'est pourquoi la sauvegarde de votre seed phrase est essentielle.

Il est impératif de noter et de stocker ces mots dans un endroit extrêmement sûr. Certains préconisent la méthode 'en papier', c'est-à-dire de noter la phrase sur un morceau de papier et de le stocker en toute sécurité. Cela peut sembler archaïque à l'époque du numérique, mais c'est une méthode éprouvée qui a résisté à l'épreuve du temps. Elle élimine le risque de piratage informatique, mais introduit des menaces plus traditionnelles comme le vol, le feu ou la simple perte. Pour contrer ces risques, certains utilisent un coffre-fort ou un autre lieu de stockage sécurisé.

Mais même cette méthode présente des failles. Une solution de plus en plus populaire est l'utilisation de dispositifs matériels spécialement conçus pour stocker de manière sécurisée la seed phrase : les crypto steel-capsules. Celles-ci offrent une robustesse et une durabilité supérieures au papier, à l'épreuve du feu et de l'eau.

Malgré cela, une menace persiste : l'oubli. Il est donc éminemment recommandé de répéter régulièrement votre seed phrase pour vous assurer de ne pas l'oublier. Dans la même veine, il peut être judicieux de confier une copie de votre seed phrase à une personne de confiance, bien que cette option doive être considérée avec une grande prudence.

La création et la sauvegarde de votre seed phrase ne sont certes pas des tâches simples ou sans effort, mais leur importance pour la sécurité de vos actifs cryptographiques est incommensurable. Comme le proverbe dit : "Une chaîne n'est pas plus forte que son maillon le plus faible". Ainsi, même si votre stratégie de cryptomonnaie est impeccable et votre portefeuille de cryptomonnaie impressionnant, sans une seed phrase correctement créée et sûrement sauvegardée, tout cela pourrait devenir rien de plus qu'un château de sable, balayé par le vent de l'insécurité et de l'incertitude.

## Risques et Précautions

La "Seed Phrase", ou phrase de récupération, présente une importance cardinale en cryptographie. C'est une série de mots qui permettent le rétablissement d'un portefeuille de crypto-monnaie en cas de perte d'accès. Il s'agit là d'un mécanisme de sécurité des plus puissants, mais également d'un talon d'Achille si non géré correctement. Ainsi, la portion suivante de ce livre traite des risques et précautions à prendre en ce qui concerne la Seed Phrase.

Les risques liés à la Seed Phrase sont généralement bipartites. D'une part, perdre sa Seed Phrase est l'un des dangers les plus existentiels. Vous risquez de perdre l'accès à votre portefeuille de crypto-monnaie pour toujours, car sans cette précieuse phrase, vous ne pourrez pas récupérer votre portefeuille. Par conséquent, la conservation sécurisée de cette phrase est une affaire de vie ou de mort pour vos transactions en crypto-monnaie.

D'autre part, les risques de vol et d'abus par des tierces parties n'ont jamais été plus élevés. Les pirates, connaissant la puissance d'une Seed

Phrase, feront tout leur possible pour la dérober. Une fois obtenue, ils peuvent facilement siphonner vos actifs cryptographiques. Le risque d'exposition est donc une préoccupation sérieuse.

En termes de précautions, il est crucial de ne jamais partager votre Seed Phrase, en aucun cas, avec qui que ce soit. Elle doit rester privée à tout moment. Partager cette phrase équivaut à donner les clés de votre patrimoine à un étranger. C'est le plus sûr moyen de se faire voler ses actifs durement gagnés.

Ensuite, il est recommandé de sauvegarder votre Seed Phrase. Cela peut se faire soit en l'écrivant sur papier soit en la stockant sur un support de stockage crypté. Gardez à l'esprit qu'il doit être conservé dans un endroit sûr, éloigné des regards indiscrets, et si possible, hors ligne. Pourquoi hors ligne ? Parce que les systèmes connectés à Internet sont plus susceptibles d'être infectés par des logiciels malveillants qui pourraient voler votre Seed Phrase. Voilà pourquoi il est essentiel de garder votre Seed Phrase dans un lieu sûr et sécurisé.

La Seed Phrase doit être traitée comme votre bien le plus précieux. Il est conseillé de prendre le temps de s'asseoir et de la rédiger à la main pour mieux la mémoriser. Si pour une raison quelconque, vous devez transmettre votre Seed Phrase, n'utilisez jamais des moyens numériques.

Enfin, rappelez-vous que votre Seed Phrase doit être utilisée uniquement comme un dernier recours pour récupérer votre portefeuille de crypto-monnaie. Il est préférable de tout faire pour sécuriser vos appareils, retenir vos mots de passe et éviter d'avoir à utiliser votre Seed Phrase à moins que vous n'ayez vraiment pas d'autre option.

En résumé, la Seed Phrase est à la fois votre bouée de sauvetage et votre talon d'Achille en matière de crypto-monnaie. Une gestion prudente et stricte de celle-ci peut assurer non seulement la sécurité de votre portefeuille, mais aussi votre tranquillité d'esprit. Gardez la confidentialité de votre Seed Phrase, sauvegardez-la de manière sécurisée et n'oubliez jamais qu'elle est le cœur même de votre cryptopatrimoine.

# Chapitre 25
# Futur du Web 3.0.

# Tendances Émergentes

Dans le domaine éminemment complexe et dynamique du Web 3.0, nous assistons à un mouvement constant d'innovation et d'évolution. Une des tendances clés et prééminentes est la montée en puissance de l'Internet décentralisé, qui repose sur la technologie de la blockchain et des contrats intelligents, avec un accent particulier sur la sécurisation des transactions et l'anonymat de l'utilisateur.

Un mot résonne particulièrement dans l'écosystème du Web 3.0: la décentralisation. Cette tendance cherche à défaire le monopole qu'exercent les géants du numérique sur les données et l'information en ligne. Mike Orcutt, dans le MIT Technology Review, a imaginé un internet entièrement décentralisé où les utilisateurs possèdent et contrôlent leurs propres données. Cette vision est déjà partiellement réalisée grâce aux avancées récentes dans la technologie blockchain, qui permet aux utilisateurs de conserver leurs informations de manière sécurisée hors de portée des pirates et des intermédiaires non autorisés.

Les contrats intelligents constituent une autre tendance importante du Web 3.0. Contrairement aux contrats standards basés sur du papier, ces contrats sont numériques et autonomes. À l'aide de la technologie blockchain, ils peuvent être activés automatiquement lorsque certaines conditions sont remplies, rendant les transactions numériques plus efficaces et sécurisées. De plus en plus d'entreprises adoptent les contrats intelligents pour des transactions en temps réel, car ils éliminent les délais et les coûts associés aux intermédiaires.

En évoquant la sécurité, il est impossible de ne pas mentionner les attaques sandwich. Cette forme d'attaque, bien que complexe, devient de plus fréquente. Les pirates ciblent spécifiquement les utilisateurs de la blockchain, exploitant les failles dans la vitesse de transaction pour localiser et copier des transactions, ce qui pose de sérieux problèmes de sécurité. La prise en main proactive des vulnérabilités et l'élaboration de protocoles de défense robustes deviennent une priorité cruciale pour les développeurs travaillant sur des applications basées sur la blockchain.

L'Internet des Objets (IoT) joue également un rôle central dans le développement du Web 3.0. Avec des milliards d'appareils connectés à travers le monde, l'IoT transforme le manière dont nous interagissons avec le monde numérique. En recourant à l'IA et à l'apprentissage automatique, nous assistons à la mise en place de réseaux intelligents qui peuvent prendre des décisions de manière autonome et efficace.

Alors que nous approchons de la prochaine décennie, les tendances du Web 3.0 convergent vers l'idée d'un internet plus sûr, plus efficace et plus dynamique. Grâce à des techniques de pointe, comme la blockchain et les contrats intelligents, nous nous approchons d'un futur où l'utilisateuraura plus de contrôle et de sécurité sur ses informations personnelles. Dans un tel environnement, la prise de conscience et l'innovation seront essentielles pour naviguer avec succès dans cette nouvelle vague d'évolution du web.

## Challenges à Venir

Dans le monde technologique évoluant rapidement d'aujourd'hui, le Web 3.0 offre des promesses exponentielles. Cependant, comme toute innovation technologique importante, il présente également des défis substantiels. Ces défis sont essentiels à comprendre et à surmonter pour exploiter pleinement le potentiel de la révolution du Web 3.0, Blockchain et des contrats intelligents.

L'un des principaux défis à venir est l'intégration et l'interopérabilité avec les systèmes et technologies existants. Même si le Web 3.0 promet d'être une avancée technologique majeure, il ne peut pas fonctionner en isolation. Il doit fonctionner en harmonie avec les systèmes existants. C'est là qu'intervient le défi d'intégration avec des systèmes traditionnels qui ne sont pas conçus pour interagir avec les Blockchain et les smart contracts. L'interopérabilité dans ce contexte signifie que différents systèmes devraient être capables de partager et d'interagir avec les informations sans aucune friction, ce qui est encore difficile à réaliser.

Ensuite, l'adoption massive reste un obstacle de taille. Le concept du Web 3.0 est révolutionnaire, mais également complexe. Pour les utilisateurs ordinaires, comprendre ce nouveau paradigme peut être difficile, retardant ainsi son adoption. Convaincre les particuliers et les entreprises de l'utilité et des avantages de cette technologie sera une étape clé pour sa large adoption.

Par ailleurs, la question de la sécurité est également primordiale. Les hacks sandwich, par exemple, peuvent mettre en danger les utilisateurs et l'intégrité du système de Blockchain. De plus, étant donné que l'utilisation des smart contracts repose largement sur le codage, la moindre erreur de code peut entraîner des conséquences graves. Il sera donc primordial de maintenir l'intégrité des systèmes tout en veillant à ce que les menaces potentielles soient anticipées et contrecarrées.

Ensuite, les problèmes juridiques et réglementaires constituent un autre défi majeur à venir. La mise en œuvre du Web 3.0 créera de nouvelles façons d'interagir numériquement, ce qui nécessitera une révision de la loi actuelle et, dans certains cas, une nouvelle législation. Le défi consiste à faire évoluer la réglementation pour qu'elle protège les utilisateurs tout en permettant les innovations.

Enfin, les problèmes d'éthique et de vie privée sont de plus en plus proéminents. Avec l'interconnexion accrue et la personnalisation offerte par le Web 3.0, la question de la confidentialité des données et de l'éthique numérique devient de plus en plus importante. Balancer entre commodité et respect de la vie privée sera une tâche délicate.

Pour surmonter ces défis, il est nécessaire de promouvoir la collaboration multidisciplinaire entre informaticiens, juristes, décideurs politiques, éthiciens et d'autres acteurs clés de la société. Le succès du Web 3.0 dépendra de notre capacité à anticiper ces difficultés, à proposer des solutions solides et à renforcer la confiance dans cette technologie de pointe. Ainsi, nous serons en mesure de catalyser le potentiel de transformation du Web 3.0 tout en surmontant les défis à venir.

## L'Impact sur les Industries Traditionnelles

Dans le contexte actuel, la manière dont sont gérées les transactions commerciales, l'information, la confidentialité et le fonctionnement de l'administration en ligne devient un sujet de plus en plus important. Le développement du Web 3.0, intégrant des technologies telles que la Blockchain et les Smart Contracts offre une vision révolutionnaire de l'avenir de l'Internet. Le potentiel d'impact sur les industries traditionnelles est immense et plusieurs domaines vont ressentir les tremblements de cette transformation digitale.

Dans le secteur financier, la blockchain pourrait bouleverser la façon dont nous gérons les transactions. Par exemple, les banques traditionnelles, qui ont longtemps servi d'intermédiaire de confiance pour gérer et sécuriser les transferts d'argent, pourraient voir leur rôle diminuer. Par sa nature décentralisée et sécurisée, la blockchain facilite les transactions directes et sécurisées entre les parties, sans intermédiaire. Ce potentiel disruptif peut rendre les transactions plus efficaces, moins chères et plus inclusives pour ceux qui sont actuellement sous-bancarisés.

Les secteurs de la santé et de la recherche pourraient également bénéficier du Web 3.0. Les registres médicaux et les données de recherche pourraient être stockés sur la blockchain, ce qui créerait des dossiers plus sécurisés, interopérables et facilement accessibles. Les essais cliniques, par exemple, pourraient être facilités par des smart contracts qui garantissent le respect des protocoles et la protection des données des patients. Les résultats des essais pourraient également être partagés plus largement au sein de la communauté scientifique, en profitant de la transparence, de l'immuabilité et de l'accessibilité des registres blockchain.

Dans le secteur du commerce, les chaînes d'approvisionnement pourraient être transformées par l'application des technologies Web 3.0. La traçabilité des produits à chaque étape du processus de production à la livraison pourrait être assurée par des entrées immuables dans une blockchain. Cela pourrait donner naissance à une ère de transparence complète dans la chaîne d'approvisionnement, avec des incidents de contrefaçon, de malfaçon ou de fraude drastiquement réduits. Le suivi des échanges serait aussi efficace et direct, inhibant les erreurs et les dysfonctionnements.

Dans le secteur immobilier, l'acte de vente de la propriété pourrait être automatisé grâce aux smart contracts, qui vérifieraient et exécuteraient automatiquement la transaction une fois toutes les conditions remplies. Cela pourrait réduire le besoin d'intermédiaires tels que les notaires, rendant le processus plus rapide et moins coûteux pour toutes les parties impliquées.

Le web 3.0 pourrait en somme menacer le modèle économique de tous les intermédiaires essentiels du système théorisé par Adam Smith. Il pourrait révolutionner l'ensemble de notre système économique et social dans un avenir proche. Sa pleine intégration nécessite toutefois une mesure d'accompagnement, des régulations et une uniformisation des normes de gouvernance pour s'assurer d'un usage positif et éthique dans une optique de profit collectif.

L'omniprésence de la technologie de la blockchain dans le futur est indiscutable, porteuse de changements profonds et radicaux dans toutes les industries traditionnelles.

# Chapitre 26
# Conclusion.

## Synthèse des Concepts Clés

Dans ce voyage informatif à travers les techniques secrètes du Web 3.0, de la blockchain, des smart contracts et des attaques sandwich, nous avons abordé des concepts clés et des stratégies innovantes qui serviront de tremplin pour ceux qui aspirent à approfondir leur compréhension de cette nouvelle ère de la technologie.

Tout d'abord, nous avons mis le projecteur sur le Web 3.0, un nouveau paradigme qui se concentre sur la personnalisation des données des utilisateurs, le partage de contenu dynamique et la connectivité sans frontières. Il combine l'intelligence artificielle, la sémantique et le graphique en trois dimensions pour offrir une expérience utilisateur améliorée. La vraie magie du Web 3.0 réside dans sa capacité à adapter le contenu à l'individu, à comprendre les données sans intervention humaine et à faire de l'internet un réseau global interconnecté.

Ensuite, nous avons exploré la révolution de la blockchain, une technologie de stockage et de transmission transparente, sécurisée et fonctionnant sans organe central de contrôle. En rompant avec le modèle centralisé traditionnel, la blockchain engendre une nouvelle ère de décentralisation où chaque participant possède un contrôle sur ses propres données. C'est un concept puissant avec des ramifications incalculables pour l'intégrité des données, la transparence et la confiance.

Nous avons également levé le voile sur le fonctionnement des smarts contracts. Ceux-ci, en tant qu'accords autonomes fonctionnant sur la blockchain, exécutent automatiquement des actions lorsque certaines conditions préalablement définies sont remplies. Ces contrats intelligents éliminent le besoin de tierces parties, augmentant l'efficacité opérationnelle et réduisant les risques de manipulation et de fraude.

Enfin, nous avons conclu avec une discussion sur les attaques sandwich - une tactique sophistiquée et potentiellement dangereuse utilisée dans le monde de la cryptomonnaie. Cette stratégie consiste à exploiter les faiblesses des protocoles de trading pour manipuler le prix des actifs, soulignant l'importance de la connaissance et de l'expérience pour naviguer en toute sécurité dans cette nouvelle frontière financière.

Chaque élément de ce livre a été soigneusement choisi pour préparer les lecteurs à naviguer avec confidence dans le paysage en constante évolution de la technologie. En approfondissant ces concepts et en se tenant au courant des dernières avancées, vous pouvez non seulement donner forme à l'avenir du Web 3.0, mais aussi influencer activement son évolution. En fin de compte, la technologie est un outil, et comme tous les outils, son utilité dépend de notre capacité à l'utiliser. Et si nous nous engageons dans l'éducation, la curiosité, et la créativité, alors le futur du Web 3.0, de la blockchain, des smart contracts et des attaques sandwich ne connaît pas de limites.

## Conseils Pratiques

Dans le dédale des technologies émergentes de la Web 3.0, la blockchain et les smart contracts représentent des outils essentiels pour faire progresser des idées innovantes. Pourtant, leurs mécanismes ne sont pas sans risques, évoquons ici l'attaque sandwich, une astuce notoire utilisée par les adeptes du piratage dans l'écosystème blockchain.

Avant toute chose, comprendre ces technologies est le premier pas à franchir. La blockchain n'est pas un concept abstrait derrière une interface utilisateur, mais plutôt une technologie concrète qui demande une connaissance approfondie pour être utilisée en toute sécurité. N'hésitez pas à investir temps et effort pour acquérir ces connaissances. Lisez des livres, suivez des cours en ligne, participez à des ateliers. Plus vous en saurez, plus vous serez en sécurité.

Toutefois, comprendre la technologie ne résout pas tous les problèmes. Les attaques sandwich, par exemple, sont des manœuvres délicates qui nécessitent une vigilance constante. Une précaution essentielle consiste à garder un œil attentif sur l'activité de votre portefeuille blockchain à Travers les applications de suivi existantes. De cette façon, vous pouvez repérer une attaque en cours et prendre des mesures correctives avant qu'il ne soit trop tard.

En outre, le monde de la blockchain est loin d'être isolée. Il s'intègre profondément d'autres technologies émergentes de la Web 3.0. Cela implique que vous devez rester au courant des autres développements pertinents dans ce domaine. D'un autre côté, comprendre ces technologies peut créer des opportunités intéressantes pour améliorer votre positionnement et votre sécurité.

Par ailleurs, les smart contracts sont un autre domaine crucial à ne pas négliger. En apprenant à identifier les vices cachés dans un contrat, vous pouvez éviter les pièges coutumiers utilisés pour extirper des fonds ou des données à des individus non avertis. De plus, voyez au-delà de la simple interaction avec un contrat. Envisagez de prendre un rôle plus actif dans la conception et la vérification de ces contrats. Avec un peu de pratique, vous pouvez devenir un acteur clé du processus plutôt qu'un simple utilisateur.

Néanmoins, la sécurité est un devoir constant. Le monde de la Web 3.0 est volatile et en constante évolution. C'est pourquoi votre engagement à rester informé et à apprendre est votre meilleur pari pour vous y naviguer en toute sérénité. De plus, rappelez-vous qu'aucune technologie n'est infaillible. Soyez donc prêts à des imprévus et armez-vous de patience et de détermination pour les surmonter.

En conclusion, bien que naviguer dans l'écosystème Web 3.0 présente des défis, ces difficultés ne sont pas insurmontables. L'arme la plus puissante de l'utilisateur reste son savoir, qu'il doit sans cesse renforcer. Avec une combinaison d'éducation et de vigilance, vous pouvez non seulement vous prémunir des attaques, mais aussi maximiser les avantages que peuvent apporter la blockchain et les contrats intelligents.

## Ressources pour Approfondir

La somme des connaissances et des réflexions que nous avons partagées dans ce livre sur les technologies Web 3.0, la blockchain, les contrats intelligents et les attaques sandwich n'est pas tout. Pour aller plus loin, plusieurs ressources précieuses existent et attendent d'être explorées par toute personne intéressée.

Commençons par les cryptomonnaies et la blockchain. Les livres "Mastering Bitcoin" d'Andreas Antonopoulos et "Bitcoin and Cryptocurrency

Technologies" par Narayanan et al., peuvent être une excellente source de savoir. Ces œuvres appréciées communiquent les tenants et aboutissants des monnaies cryptographiques de manière accessible et approfondie. Par ailleurs, les cours en ligne offerts par les universités de Princeton et de Stanford sont d'excellents compléments pour saisir les principes fondamentaux de ces technologies.

En ce qui concerne les contrats intelligents, le livre "Mastering Ethereum" est un incontournable pour comprendre la logique derrière ces programmes autonomes. S'accompagnant d'une analyse profonde du langage de programmation Solidity, ce livre est un trésor incomparable pour ceux qui cherchent à se spécialiser dans les applications décentralisées basées sur Ethereum.

Parallèlement, il existe une multitude de sites web, de blogs et de forums spécialisés dont on peut profiter pour approfondir ses connaissances et rester à jour. Les sites tels que Medium, Coindesk, Cointelegraph ou encore le forum Bitcointalk, regorgent d'informations essentielles couvrant un large éventail de sujets sur la cryptographie, la blockchain et le Web 3.0. D'autre part, des plateformes éducatives comme Coursera, Khan Academy et EdX disposent de cours et de modules centrés sur ces thèmes. Les chaînes YouTube comme Ivan on Tech ont également fait leurs preuves en fournissant des explications en profondeur sur divers aspects du Web 3.0.

L'apprentissage peut également se poursuivre sur GitHub, où des milliers de projets open-source sur la blockchain, les contrats intelligents, et le Web 3.0 se retrouvent. GitHub est un outil ineffable pour observer et participer à de véritables projets, et par conséquent, pour consolider ses connaissances pratiques.

Enfin, pour ceux qui s'intéressent aux côtés plus sombres et plus difficiles à prévoir du Web 3.0, il peut être utile de consulter les travaux de chercheurs reconnus dans des domaines connexes tels que la cybersécurité. Plusieurs chercheurs, tels que Bruce Schneier et Edward Snowden, ont publié d'importantes réflexions sur les questions de sécurité et de confidentialité dans la nouvelle frontière numérique.

Il est important de souligner que toutes ces ressources ne représentent qu'une infime partie des connaissances disponibles sur le Web 3.0, la blockchain et les contrats intelligents. Par conséquent, il faut rester curieux et toujours prêt à explorer de nouvelles sources d'information. Le monde du Web 3.0 est en évolution constante, garder un esprit ouvert et une soif d'apprendre vous permettront d'en être un acteur averti.

Printed in France by Amazon
Brétigny-sur-Orge, FR

21191076R00157